専門日本語
ライティング教育

論文スキーマ形成に着目して

村岡 貴子

大阪大学出版会

目　次

第1章　本研究の背景と目的 …………………………………………… 1
1.1　第二言語ライティング教育研究の概観 ………………………… 2
1.2　日本語教育学分野でのライティング教育研究の概観 ………… 5
1.3　本研究の目的と概要 …………………………………………… 10

第2章　本研究の対象、方法および構成 ……………………………… 13
2.1　本研究の対象と方法 …………………………………………… 13
　2.1.1　大学院レベルの日本語学習者が作成した文章 ………… 13
　2.1.2　テキスト分析タスクと関連の調査に用いた教材
　　　　　および資料 ………………………………………………… 15
　　(1)　文章作成課題に用いた教材 ……………………………… 15
　　(2)　文章評価能力を測る調査に用いた資料 ………………… 16
　2.1.3　テキスト分析タスク活動時の発話データ ……………… 17
2.2　本書の構成 ……………………………………………………… 17

第3章　専門日本語教育における論文作成支援に資する
　　　　先行研究の概観 ………………………………………………… 21
3.1　「専門日本語」の定義 …………………………………………… 21
3.2　「専門日本語」の示す範囲 ……………………………………… 25
3.3　「専門日本語」に関する先行研究の概観 ……………………… 29
3.4　本研究における「専門日本語」 ………………………………… 34
3.5　専門日本語教育と一般日本語教育 …………………………… 36
3.6　専門日本語教育としての論文作成支援に資する文章構成と
　　　論理展開に関する先行研究の概観 …………………………… 41
3.7　本章のまとめ …………………………………………………… 45

第4章　大学院レベルの日本語学習者が作成した文章の表現・語彙に関する問題分析　47

- 4.1　専門日本語ライティングのための表現指導の問題　47
  - 4.1.1　調査対象とする文章　48
  - 4.1.2　文章ジャンルによる表現の選択　49
  - 4.1.3　文章の論理展開にかかわる表現　53
  - 4.1.4　教育・学習リソースの再考　57
- 4.2　文章の構成や論理展開にかかわる表現指導の課題　59
- 4.3　本章のまとめ　60

第5章　大学院レベルの日本語学習者の文章における構成と論理展開に関する問題分析　61

- 5.1　学習者の文章の問題点に関する研究の概観　61
- 5.2　学習者の文章に見られる構成と論理展開に関する問題分析　68
  - 5.2.1　分析の対象と方法　68
  - 5.2.2　結果と考察　72
    - (1)　問題の分類　72
    - (2)　目的と構造化　73
    - (3)　関連づけと意義づけ　78
    - (4)　厳密さと文体の最適化　84
- 5.3　学習者文章の問題分析からの示唆　88
- 5.4　本章のまとめ　90

第6章　専門日本語ライティング能力の獲得を目的としたテキスト分析タスク活動—スキーマ形成を目指して—　93

- 6.1　調査の目的と概要　93
- 6.2　ライティング活動を通じた論文スキーマ形成　94

  6.2.1　関連概念としての「スキーマ」………………………………95
  6.2.2　関連概念としての「メタ認知方略」………………………96
  6.2.3　「論文スキーマ」形成に関する先行研究の概観と
     本研究の仮説 ……………………………………………………99
 6.3　テキスト分析タスクを用いた授業実践……………………………101
  6.3.1　使用教材等のリソース………………………………………101
  6.3.2　授業方法………………………………………………………104
 6.4　調査の概要………………………………………………………………104
 6.5　結果………………………………………………………………………107
  6.5.1　報告文への評価から観察されたスキーマ形成……………107
  6.5.2　学習者の持つ評価基準………………………………………108
   （1）　文体……………………………………………………………108
   （2）　構成……………………………………………………………109
   （3）　文の長さと段落のサイズ……………………………………111
   （4）　表現の厳密さと論理展開の明快さ…………………………112
 6.6　考察………………………………………………………………………114
  6.6.1　適切な文章評価基準…………………………………………114
  6.6.2　専門分野への意識……………………………………………115
  6.6.3　外国語学習に対する考え方…………………………………116
 6.7　専門日本語ライティング教育への示唆……………………………117
 6.8　本章のまとめ……………………………………………………………121

第7章　テキスト分析タスク活動時における学習者コメントの分析………………………………………………………………123

 7.1　調査の背景と目的………………………………………………………123
 7.2　調査の概要………………………………………………………………125
  7.2.1　テキスト分析タスクを用いた授業実践……………………125
  7.2.2　テキスト分析タスクに用いた文章課題の情報……………127
  7.2.3　テキスト分析タスク時の発話データ………………………128

  7.2.4　発話データ等の分析手順…………………………………129
 7.3　結果と考察……………………………………………………129
  7.3.1　成功者と未成功者の分類……………………………………130
  7.3.2　内容と構成に対するコメント…………………………………132
  7.3.3　段落や文の接続における論理展開へのコメント……………138
  7.3.4　表現と文体に対するコメント…………………………………141
  7.3.5　その他の注目すべき事例
    　――テキスト分析タスクでの議論から――………………142
 7.4　本章のまとめ……………………………………………………143

第8章　結論……………………………………………………………145

 8.1　まとめと総合的考察……………………………………………145
 8.2　今後の課題………………………………………………………151

参考文献………………………………………………………………………155
付録……………………………………………………………………………179
初出一覧………………………………………………………………………207
謝辞……………………………………………………………………………209

第1章　本研究の背景と目的

　本書は、大学院レベルの日本語学習者が研究活動を円滑に遂行するために必要とする専門日本語ライティングの教育開発をテーマとしている。後述する通り、本書では、論文スキーマという主要概念を導入し、日本語学習者が作成した文章の問題分析、およびライティング授業の実践と学習者への種々の調査分析から得られた知見をもとに、新たな専門日本語ライティング教育の開発について考察し、提言を試みるものである。
　上記の「ライティング」は、日本の初等中等教育における国語科教育での「作文」指導と区別し、また、書かれた文章も書く活動自体をも示すことがある「作文」という表現を用いずに、第二言語学習者としての日本語学習者が「書く」という学習活動自体を広く示すこととする。そういった「書く」学習活動の中で、後述するように、主として大学院レベルの留学生が専門分野の研究活動上で必要とするライティング活動を「専門日本語ライティング」と称する。さらに、そのような学習者によって書かれた文章は一律に「文章」と呼ぶ。
　第1章では、本書全体の議論の背景となる日本語教育学関連の研究動向を概観する前に、それらの先行研究が特に影響を受けた英語教育学の先行研究について言及し、本研究の位置づけをはかる。なお、第二言語としてのライティング教育に関する研究は、英語を対象としたものが圧倒的に多く、畑佐(2003)が指摘するように、「他の言語を対象とした研究は極めて少ない」(p. 87)状況にある。そこで、本章では英語教育学の枠組みにおけるライティング教育研究に絞って、以下、先行研究を概観する。

第 1 章　本研究の背景と目的

1.1　第二言語ライティング教育研究の概観

　第二言語話者としての英語学習者を対象とした欧米のライティング教育は、1960 年代以降、第一言語話者すなわち英語母語話者を対象としたライティング教育とその研究の発展に伴って、学習者の文章自体の評価より、文章産出過程や修正フィードバック等の多様な観点に注目した指導法の開発が行われるようになった（Silva 1990, Miller 1998（窪田訳）, Matsuda 2003, 岡崎・岡崎 2001, 畑佐 2003, 大島 2003）。

　その変遷については、文法や語彙の正確さを重視し、決められた言語構造を練習させる Controlled Composition Approach〔制限作文アプローチ〕、文章のジャンルに特有の修辞法を重視した Current-Traditional Rhetoric Approach〔新旧レトリックアプローチ〕、書き手の認知プロセスから、ライティングの手順を重視する the Process Approach〔プロセスアプローチ〕、および English for Academic Purposes Approach〔学術英語アプローチ〕（以上、訳語は岡崎・岡崎 2001 による）という流れをたどった（Silva 1990, Miller 1998（窪田訳）, 岡崎・岡崎 2001, 大島 2003）。

　また、この流れの中で、学習者のライティングプロセスに注目した研究として、skilled L2 writers〔熟達した書き手〕と unskilled L2 writers〔未熟な書き手〕の認知プロセスに着目した成果も発表されている (Zamel 1983, Raimes 1985)。

　日本においても同様に、日本語母語話者である英語学習者を対象とした「学習成功者」の研究 (竹内 2003) では、ライティングに特化されてはいないが、学習者自身の strategy〔方略〕や学習方法自体に関する調査分析が行われ、成功につながる学習方法についての議論が行われている。そこでは、例えば、成功者は Metacognitive Strategies〔メタ認知方略群〕を巧みに使用していることが明らかにされている。メタ認知方略は、O'Malley & Chamot (1990) に基づき、Planning〔学習に関する計画〕、Monitoring〔モニタリング〕、および、Evaluation〔評価〕（以上、訳語は竹内 (2003) による）等を含むもので

ある。
　これらの学習者方略の観察や分析から得られた知見をもとに、学習プロセスの解明や指導法の改善を行っていくことは有意義であり、日本語だけでなく、英語以外の第二言語あるいは外国語としての言語教育におけるライティングの研究にも大きな示唆を与えるものと考えられる。したがって、こうした学習者自体への観察は、教師からの一方的な教授活動の視点をより広げる可能性が高いと期待される。
　さらに、本研究に深く関係する、先述の〔学術英語アプローチ〕をめぐる関連研究を概観する。
　〔学術英語アプローチ〕については、理論的背景の一つとして第4章で詳述する Swales (1990) において、学術上あるいは職業上の関心を同じくするネットワークとしての discourse community〔ディスコース・コミュニティ〕、また、そのコミュニティで共有される学術論文のジャンル、そのジャンルに習熟するために行うタスクといった重要な概念が提示され、コミュニケーション上の目的がこれらをつなぐものと考えられている。これらの概念は、学術的な研究活動に資するライティング能力を獲得しようとする第二言語話者が、自身のライティング学習の目的と背景を意識化することに貢献し、かつ、その目的達成のためのタスクによる学習自体にも、学習者の動機づけに有効に働くと期待されるものと言える。
　加えて、〔学術英語アプローチ〕には、特に1990年代以降、コンピュータ技術の顕著な発達に伴い、めざましく発展した「コーパス言語学」が、今後も多大な貢献を行うことが期待される。Biber (1998)（齋藤他訳 2003）は、「コーパスに基づく研究法は、大量の言語資料を処理し、同時に多くの文脈的要因を追求する手段を提供する」(p.9) として、今後の多くの研究に道を開いたことに言及している。また、Biber（同上）は、register〔レジスター〕[1]が「言語が使用される状況（すなわち目的、話題、場面、対人関係、伝達様式など）に

---

1) レジスターは「言語変種のうち使用状況の特徴によって規定されるもの全般を指す語」(Biber 1998) と定義されている (p.143)。

第 1 章　本研究の背景と目的

よって規定される」(p. 143) ことを指摘している。この考え方に従うと、例えば、専門分野別の論文等の言語資源を大量に集約したコーパスがツールとして活用できるならば、言語自体の基礎的な研究を迅速に行うことが可能となるだけでなく、学習者自身への学習支援としての有効利用が期待できる。すなわち、そういったツールは、学習者が個々に必要とする文脈の情報が付加された表現の抽出やその量的な使用傾向の分析により、学習者に対して、言語のバリエーションへの気づきを促し、一般の辞書では得られない自律的な学習の効果を高めることに役立つと考えられる。

　上記のレジスターに関連して、佐野 (2010) は、Systemic Functional Theory 〔選択体系機能言語理論〕を音韻・表記・語彙・文法・意味・コンテクストまで扱う包括的理論[2] (comprehensive theory) であるとした上で、テキスト言語学で著名な Halliday & Hasan (1976) の cohesion 〔結束性〕と coherence 〔一貫性〕の記述も上記理論の一部であると説明した。さらに、佐野 (2010) は言語を「規則」(language as rule) としてだけでなく「資源」[3] (language as resource) として捉える視点を紹介している。このような視点により、種々のテキストの専門性の把握や、特定目的のためのライティングの指導や学習支援の場面での活用が可能となり、今後のライティング教育研究の飛躍的な発展が期待される。

　以上のように、英語教育学の分野における第二言語としてのライティングの教育研究は、ここでの主要な議論に特に関係する成果に絞っても、20 世紀の間に、種々の発展を遂げてきている。換言すれば、モデルとなる文章やその表現の分析のみならず、文章の書き手としての学習者に焦点を当てたライティングのプロセスへの注目、また、熟達した書き手あるいは成功者とし

---

2) 佐野 (2010) は、Matthiessen (2009) や Martin ら (2005) を中心に理論の拡張が行われ、談話分析やコーパス言語学、言語類型論、言語学以外の分野においても活用されている (pp. 19-20) と指摘している。
3) 佐野 (2010) は、金水 (2010) の日本学術会議主催公開講演会における、日本語の「言語資源論」についても言及し、「今後の日本語像を検討する上で重要な観点である」(p. 20) と述べている。

ての学習者の研究から教育開発へのフィードバック等、ライティングをめぐる多様な視点からの研究が行われてきた。さらには、学術英語アプローチのような、特定の書き手集団による社会的に共通した目的達成といった視野からのライティング活動の捉え方の提起と応用、それらを支えるコーパス言語学からの知見等、新機軸が次々と打ち出されていった。

1.2 日本語教育学分野でのライティング教育研究の概観

　一方、日本語教育学の分野における従来のライティング教育研究は、質的にも量的にも十分な成果発表が行われてきたと評価することは困難であるが、ようやく20世紀後半になって、後述の通り、留学生10万人計画といった国家の政策による外的要因等からも、必要とされる研究領域が徐々に拡大し、研究成果だけでなく教材開発も次第に進展してきたと言える。以下に、日本語教育学におけるライティング教育研究について、本研究の背景として概観する。

　従来、会話等の話し言葉の教育とは異なり、ライティング教育の研究は、非常に遅れていた。話し言葉の教育については、一文のレベルではなく、話題選択や談話構成といった文を超えた談話レベルの研究が既に多数行われ、周知のように、それらの知見を活用した、入門から上級までの極めて多様な日本語教材の開発も進んでいる。

　これに対して、ライティング教育は、上記の談話レベルに相当する文章レベルの研究が非常に少数であり、1990年代までは、特筆すべき研究がなかったと言っても過言ではない。すなわち、教育の実践面においても、日記文や意見文といった自己表現を中心としたジャンルの文章を扱った狭義のライティング教育では、教師が学習者の文章に対して文法や表現の修正を施すことは行われても、文章の構成や論理の展開といった、文章を広く捉えるマクロ視点での学習活動や指導に関する研究や実践の報告は、ほとんど行われていなかった。

　このように、ライティング教育において重要な位置を占める、学習者の文

第 1 章　本研究の背景と目的

章に対するフィードバックの方法も、教師が文法や表現、文字表記等について添削する方法が主流を占めていた。そのため、その種の教育実践の報告も、質的な広がりは見られなかったが、2000 年前後から、ようやくアカデミック・ライティング（大島 2009a；2009b；2009c, 二通 2001；2005；2006；2009, 二通他 2004）や、協働的な推敲作業であるピアレスポンス（池田 1998；1999；2000a；2000b, 影山 2000, 田中 2009）に関する研究成果が発表され始めた。それらは教科書や指導書、入門書といった教育リソース（大島他 2005, 二通他 2009, 大島他 2012）に結実し、ライティング教育関係者に広く知られるようになってきた。

　さらに説明を加えると、上記の新たな研究・教育の潮流が見られる以前においては、先述したように、狭義のライティング教育に関する研究は存在した（菊地 1987, 西村 1998）ものの、主として文法や表現といった、日本語母語話者の教師がネイティブチェック機能を用いて添削する際の評価や誤用分析が、その主要な議論を占めていた。これらは、先述した〔制限作文アプローチ〕の段階にとどまるものである。また、学習者の作文中に見られる個々の誤用例は、基礎科学としての日本語学の研究対象でもあり、小金丸（1990）等の誤用分析を行った論文が発表されている。

　換言すれば、狭義のライティング教育とその研究においては、あくまでも「一文」における文法や表現・表記の正確さに最も多くの関心が注がれており、文章のまとまりや論理展開、あるいはテーマと記述内容の整合性、さらには書き手としての学習者のライティングのプロセスやフィードバックの方法については、ほとんど対象にされていなかったと言ってよい。さらに、狭義のライティング教育では、文章の論理性やまとまりといった添削指標が存在した場合においても、それらは、文章の質の評価としては極めて重要であるにもかかわらず、文法や表記の正用／誤用と同列に評価される傾向があったと言える。

　学習者の自己表現として、あるいは一般的なテーマでの意見文といった、テーマやジャンルについては、日本語母語話者向けの、特に初等あるいは中等教育段階における国語科教育のアプローチと類似した方法が採用されるこ

1.2 日本語教育学分野でのライティング教育研究の概観

ともまれではなく、あわせて、多くの伝統的な教材[4]を参照しても、日本語教育におけるライティング教育は多くの場合、基本的に文法や表現の知識を定着させ、正確に産出させる場として位置づけられていた。

このような位置づけは狭義のライティング教育の限界の一つであったと考えられる。すなわち、狭義のライティング教育は、学習項目として提示された文型を用いた短文作成による文法や表現の教育との差異が不明瞭であり、かつ、あるテーマのもとでのまとまった論理構成を有する文章の作成方法を学習するための機会にはなっていなかったと言える。

以上のような日本語教育におけるライティング教育とその研究の経緯には、いくつかの背景が考えられる。

まず、本来、母語話者であっても、非母語話者であっても、文章自体の評価をどう捉えるかの問題がある。これは、特に、母語話者の教師が、国語科教育において自身が受けてきた文章表現教育の方法に少なからず影響を受けているという可能性が考えられる。つまり、正確な情報伝達を主要な目的として文章を作成するのではなく、むしろ、個人の感想を述べる感想文や、書き手自身の意見を表明する意見文が重視され、そこにおける内容の新規さや、言わば文学的な個々の表現力の豊かさに対する評価に、主眼が置かれてきたと言えるわけである。

このような背景により、教室ジャンル[5]としての文章がそのような感想文や意見文に偏りがちであったことから、文章による実務的なコミュニケーションを目的とした効果的な伝達方法については、ほとんど重視されていな

---

[4] C&P日本語教育・教材研究会編（1988a, b）『日本語作文Ⅰ ―身近なトピックによる表現練習』、『日本語作文Ⅱ ―中級後期から上級までの作文と論文作法―』（いずれも専門教育出版）、佐藤他（1994）『表現テーマ別にほんご作文の方法』（第三書房）等がある。C&P日本語教育・教材研究会編（1988b）では、「論文作法」の章において、より文学的文章に適した「起承転結」の構成が紹介されていた。

[5] Johns（1995）の〈classroom genres〉を大島（2003, p. 203）は「教室ジャンル」と訳し、「課題レポートや論述試験」、一方の'authentic genres'を「現実のジャンル」として「申請書、メモ、報告書、雑誌論文等」と例示している。

第 1 章　本研究の背景と目的

かったと言える[6]。

　そのため、大学等の高等教育で扱われる必要のあるアカデミックな文章、さらには卒業後、修了後の将来において、組織に所属して働く多くの社会人に作成が求められる、正確で客観的な、加えて簡潔性が極めて重視される実務的な文章とその作成方法については、高等教育の段階に至るまで、教育も研究も十分ではなかったと言える。

　さらに、日本語学習者の学習目的の多くが、まずはサバイバルのためであり、話し言葉の習得に最も多くの時間と労力が費やされるべきであったという、学習者側のニーズや背景がある。そのことへの十分な意識があったかどうかは別として、教師側において、ライティング教育について特段の教育方法や教材の開発への志向があまり高くなかったという現実があると思われる。そのような状況の中で、その後のライティング教育と研究の発展過程は、以下に示すような社会的な背景も重要な一因となって、大きな変化を迎えることとなった。

　1983 年の日本政府による「留学生 10 万人計画」の発表以降、日本語教育を取り巻く環境の変化により、特にアカデミック・ライティングにかかわる問題が、教育と研究の両面において徐々に話題にのぼるようになった。「留学生 10 万人計画」以降には、社会科学や理工系といった、日本語学や日本文学以外の分野を専攻する留学生が増加している[7]。そのように増加した留

---

[6] なお、20 世紀中頃の日本における関連研究として、森岡（1963）に言及しておく。森岡健二氏は、米国のコンポジション教育に基づいて、主題の重要性を説き、段落、文法、表記等、数多くの項目別に事例を伴った解説を行い、国語科教育の作文の分析から大学での調査報告の書き方に至るまで詳述した名著『文章構成法　―文章の診断と治療―』を著し、日本語による文章作成教育の普及に一石を投じた。このような教育は、著者が同書の「あとがき」で言及したように、東京女子大学等の一部の大学教育の中で行われた。ただし、全国レベルに拡大するには至っていない。

[7] 例えば、日本学生支援機構（2014）（http : //www.jasso.go.jp/statistics/intl_student/documents/data13.pdf）（2014.7.7 最終検索）のデータによると、平成 25 年 5 月時点において、日本における専攻別留学生数は、人文科学系が 20.4％ であった。このことから、他の 8 割の留学生の専門分野は社会科学、工学、理学、芸術、教育、農学等多岐にわたっていることがわかる。なお、日本学生支援機構（2007）（http : //www.jasso.go.jp/statistics/int_student/data07）のデータでは、人文科学系は23.4％であった。

1.2 日本語教育学分野でのライティング教育研究の概観

学生達は、必ずしも十分な日本語学習歴がなく来日し、来日後においても、民間の日本語学校等で集中的な日本語教育を受ける場合を除いては、大学での専門課程での学習・研究活動が中心の学生生活を送るため、日本語学習時間は極めて限定されているといった背景を有する。

このような背景のもとで、1990年代以降には、大学や大学院でのアカデミックな目的のための「専門日本語教育」の研究と教育開発が活発となり、1999年には、全国組織である「専門日本語教育学会」が発足し、学会誌の創刊号を刊行した[8]。2014年現在において、第15号まで刊行されており、本書の第3章で一部を引用するように、理工系や社会科学系等、多様な分野の専門日本語教育に資する研究の成果が発表されている。

また、2002年からは、文章作成の試験を含めた日本留学試験[9]が導入され、実際の当該試験対策としてもライティング指導が求められるようになった。そこでは、「与えられた課題の指示に従い、自分自身の考えを、根拠を挙げて筋道立てて書く」ための能力を測定すると説明されている（日本学生支援機構「日本留学試験」シラバス http://www.jasso.go.jp/eju/syllabus.html（2014.7.7 最終検索）。

こうした外的要因の影響により、次第に、ライティング教育の問題が、多岐にわたりいかに深刻なものであるかが、この分野の教育研究の関係者の間で少しずつ意識され始め、具体的な問題が共有されるようになったと観察される。こうした問題意識とともに、現在、レポートや論文を作成する日本人

---

[8] 専門日本語教育学会における「専門日本語教育」とは、Technical Japanese Education と訳されている。現在では必ずしもアカデミックな目的のための日本語教育のみにとどまらず、ビジネス日本語や医療や実務のための日本語の教育についても、研究成果が多数学会誌に公開されている（専門日本語教育学会 http://stje.kir.jp/）（2014.7.7 最終検索）。学会発足当初は、上記の時代背景もあり、大学における研究のための日本語の教育に関する成果が集中して掲載されていた。

[9] 日本留学試験は、「外国人留学生として、日本の大学（学部）等に入学を希望する者について、日本の大学等で必要とする日本語力及び基礎学力の評価を行うことを目的に実施する試験」として2002年より開始され、その中に、日本語「記述問題」が課されている（日本学生支援機構「日本留学試験」シラバス http://www.jasso.go.jp/eju/syllabus.html）（2014.7.7 最終検索）

第1章　本研究の背景と目的

学生も含めた文章作成技術の不足が、社会的に問題であると捉えられるようになっている。大島（2003）のように、母語話者にも非母語話者にも資するライティング教育研究の視点の重要性を指摘する研究も、徐々に見られるようになった。

1.3　本研究の目的と概要

　本研究は、以上の教育研究上の流れをふまえ、現在最もニーズが増し研究が求められている分野の一つとして、留学生のための専門日本語ライティング教育に資する教育開発について議論を行う。特に、論文スキーマという主要概念を導入し、新たな専門日本語ライティング教育の開発について考察し、提言を試みることを目的とする。論文スキーマとは、本研究で考案した用語で、後述する通り、論文とは何か、研究とは何かの概念知識の総体を示すものである。

　本書では、研究目的で来日した大学院レベルの留学生を対象とした、特に研究活動に必要な専門日本語ライティング教育に照準を合わせ、関連の研究を概観した上で、本論の中心的な考察部分においては、以下のように大きく3部に分けて議論を展開する。

(1)　大学院レベルの日本語学習者が作成した文章における構成と論理展開に関する問題分析
(2)　論文スキーマ形成を目指したテキスト分析タスク活動とその検証
(3)　テキスト分析タスク活動時の学習者のコメント分析に基づいた成功者のスキーマ形成

　この3部構成について説明を加える。まず、(1)は、第4章と第5章において行う。これらの分析の目的は、文章の構成や論理展開といった観点から、上記の学習者が作成した文章に見られる問題を詳細に分析することにより、学習者自身が有する問題の実態を明らかにすることである。これは、学習者

1.3 本研究の目的と概要

自身のプロダクトとしての文章に含まれる具体的な問題や弱点を捉えて分析することにより、専門日本語ライティング教育に求められる方法論を検討する意味で有意義であると考えられる。また、学習者のこれまでの種々の言語学習経験や研究歴等の背景要因もふまえて、彼らの文章に見られる問題点を質的に分析し、学習者自身がそれらの課題を克服するために何が必要であるかを論じる。あわせて、従来のライティング教育にはほとんど見られなかった新たな方法論の必要性を主張する。

次に、(2)は第6章において行う。まず、論文スキーマの形成を目指した「テキスト分析タスク」を用いた具体的な授業実践について説明し、次に、授業後に実施した文章評価を行う調査によって、論文スキーマ形成の効果を検証する。具体的には、その授業の受講者である学習者に対して、他者が作成した3種類の文章に対する評価を行ってもらい、その結果、文章評価時の観点や、論文スキーマが形成されているか否かを論じる。

さらに、(3)は第7章において示す実際の教育実践において、構成や論理展開の重要性を意識化させていくプロセスを導入し、その実践の報告、および効果の検証を行うものである。これは、教師が一方的にモデルを提示して学習者に文章を書かせたものを添削するといった伝統的な方法とは全く異なるタイプの学習活動である。学習者が相互に文章の問題を分析する過程において、学習者に問題を言語化によって認識させ、自身の文章中の問題も意識させ、かつ、ライティング能力を高めるための論文スキーマを形成させるものである。換言すれば、日本語のライティング授業において、学習者相互の協働作業、および自身が作成した文章への自己点検のいずれにも、個々の文法や表現といった「部分」より重要度の高い、文章「全体」の構成や論理展開に注目する仕組みを導入し、同時に学習自体へのメタ認知を高めていくものである。特に、論文スキーマを有する、あるいは明らかに形成途上と観察される成功者による授業中の発言や、文章評価の際のコメントも分析の対象とする。

以上に示した、重要な本論部分を含めた全体は、第2章において、本書の全体構成として示し、かつ、各章ごとの記述内容の概略を示すこととする。

第 1 章　本研究の背景と目的

　本書では、先述したような議論を展開しつつ、総合的な観点から、従来のライティング教育研究に不足していたと考えられる知見を提供し、最終章である第 8 章において、教育方法の再考を行う。そこでは、教育実践と研究をつなぐ視点を示して議論全体の総括を行い、今後のライティング教育を展望することとしたい。

第 2 章　本研究の対象、方法および構成

　本章においては、第 1 章で述べた目的のもとで遂行する研究全般に関して、各調査で用いた対象、方法および第 3 章以降の論文構成を説明し、論文の全体像を簡略化して示すこととする。

2.1　本研究の対象と方法

　本論の主要な議論は、大きく分けて次に示す 3 つの内容から構成される。

（1）　大学院レベルの日本語学習者が作成した文章における構成と論理展開に関する問題分析
（2）　論文スキーマ形成を目指したテキスト分析タスク活動とその検証
（3）　テキスト分析タスク活動時の学習者のコメント分析に基づいた成功者のスキーマ形成

以下では、各調査分析のために用いた対象を順に示す。

2.1.1　大学院レベルの日本語学習者が作成した文章

　分析対象とした文章は、2008 年 10 月から 2011 年 1 月まで、それぞれ 15 週間を 1 学期として、日本の某大学で開講された日本語ライティングクラスを受講した、大学院レベルの学習者合計 36 名が、授業期間中 7 回の作文タスクで作成した文章である。具体的な調査分析においては、それらから、問題が複数回見られた学習者のケースを抽出する。

　上記の学習者は 1 名の大学院生を含む他は、全員が研究生であり、今後日

本の大学院に入学して本格的に研究活動を行う予定であった。受講実績はほぼ100％である。提出された作文は、一部6編の未提出があったことから、合計246編である。

学習者の母語および専門分野に関する背景は以下の通りである。

表2−1　分析対象の文章を作成した学習者の背景情報

漢字・非漢字の別	専門分野	人数（単位：人）
漢字圏	理系	12
非漢字圏	理系	13
	文系	11
合計		36

表2−1の通り、36名中、24名が非漢字圏学習者で、12名が漢字圏学習者である。また、漢字圏学習者は理系のみである。この12名のうち、韓国語母語話者2名以外、10名が中国語母語話者である。なお、学習者の日本語レベルは、全体的に、日本語能力試験3級(新試験が開始される以前の試験)[10]合格以上と認められる中級か、2級合格に近い中上級程度である。

当該学習者に対しては、これらの文章が、研究と教育の目的以外には用いられず、かつ特定の国籍や専門分野にかかわる個人情報が保護される旨、十分に説明し書面で了解を得る手続きをとってある。

以上のデータは、本書の第4章から第7章において、関連の議論の際に用いる。章ごとのデータは、特定の学期のもののみ予備調査的に用いる場合もあり、一方で、複数の学期のデータをまとめて分析する場合もある。そのことから、分析は、常に246編全てを対象としたわけではない。データの詳細は各章において再度言及するが、文章課題や学習者の日本語レベルについては、ほぼ同一の条件にそろえられているため、いずれの分析も、質的には同

---

10) 1984年より国際交流基金と日本国際教育支援協会によって「原則として日本語を母語としない人を対象に、日本語能力を測定し、認定する」目的で実施されている。2010年からの新試験では内容が改定され、Ｎ１からＮ５までの５段階となっている（http : //www.jlpt.jp/）（2014.7.1 最終検索）

質のものとして扱って問題はないものである。

2.1.2 テキスト分析タスクと関連の調査に用いた教材および資料

授業実践に関する教材と調査に関する資料について、以下に情報を提示する。

まず、テキスト分析タスクに用いた関連教材、および、授業後の文章評価に関する調査で用いた文章資料について、以下それぞれ説明する。

(1) 文章作成課題に用いた教材

テキスト分析タスクを通じた授業実践で用いた教材は、『大学・大学院留学生の日本語② 作文編』(アカデミック・ジャパニーズ研究会編 アルク 2001)である。その中で、学習者に対して文章作成課題として提示したものは7課題である。以下の表2-2は、それらの7課題に関する情報をまとめたもので、付録の**資料1**にさらなる詳細事項を掲載している。

表2-2 授業で用いた文章作成課題に関する情報

課題で提示されたテーマの大枠	段落数	作成上の条件※
(1) 専門分野	指定無し	専門分野の説明と研究したいことを「である体」で書く。
(2) 科学の発達	3	指定の中心文に対する支持文を考えて、文章を書く。
(3) 母国の有名な人	3	有名な人を選び、有名な理由や母国の人々の評価を、書き手の主観を交えずに書く。
(4) 母国の大学	3	母国の大学での生活や来日前後の状況について時系列に書く。
(5) リサイクル	3	リサイクルの定義を行い、各段落の中心文に対する支持文を考えて、リサイクルの問題について書く。
(6) 高齢化社会	3	指定されたグラフを見てわかること、予想される問題、および自分の意見を書く。
(7) インターネットの問題	3	具体例、そこから起こる問題とその解決策の提案を書く。

※課題内容を筆者が要約して示したもの

第 2 章　本研究の対象、方法および構成

　これらの作文は、基本的に、予め緩やかに枠組みが示されている。例えば、段落の数（例：3段落構成）やその文章に記述すべき内容（例：問題の説明、原因の分析）が指定されている。

　ただし、第5章で詳述する通り、学習者の漢字語彙知識やライティング学習経験の多寡等のレディネスが多様であることに鑑みて、文章量については本人が議論を必要とすれば、制限を緩和し、600～800字程度の文章の作成も許可した。

（2）　文章評価能力を測る調査に用いた資料

　テキスト分析タスクを通じた授業実践を行った後、学期終了後において、テキスト分析タスクの効果の検証や、学習者の文章評価能力を測るために、インタビュー調査を行った。その際に、同じテーマのもとで作成された3種類の報告文（付録<u>資料3</u>、3-1、3-2、3-3）を調査に用い、学習者には、それぞれの文章を比較しつつ、文章評価をしてもらった。これらはいずれも、学習者にとって未知の他者が作成した文章である。

　付録の<u>資料3</u>の報告文〔1〕は、学習者とは関係のない、ある学生が書いたもので、加筆修正を施していないそのままの文章である。(a) 形式的・内容的構成、(b) 論理展開の明晰さ・表現の適切さ（第6章で詳述）のいずれも不十分な例であり、丁寧体で書かれたものである。

　次に、報告文〔2〕は構成面を中心に教師から指導を受けて学生本人が修正した例であり、上記 (a) のみが適切で、〔1〕と同様に丁寧体で書かれた文章である。

　また、報告文〔3〕は教師が表現をより厳密にして報告文〔2〕を全面的に修正した、上記 (a)(b) とも最も適切な例であると考えられる文章である。

　なお、学習者への調査時には、上記3文章の完成度の高低を暗示する番号や記号を避けて、各文章を「雪・月・花」と呼び、学習者の日本語レベルに合わせて適宜ふり仮名を付した。

2.1.3 テキスト分析タスク活動時の発話データ

テキスト分析タスクは、2008年10月から、2011年1月までの合計5学期間(1年2学期制)にわたって、各学期とも、先の表2-2に示した7テーマで7回実施した。なお、2009年の10月から2010年の2月までの授業におけるデータは、収集の記録の関係上、2回分(表2-2の(1)(2))はやむを得ず発話データが入手できなかったため、(3)から(7)までの合計5回分である。

学習者は1回90分の授業中に、教師より配布されるタスクシート(付録に資料2を例示)の文章に対して文章評価を行う学習活動を行った。これは当該学習者あるいは過去の学習者が作成した同テーマによる文章の例を教師が抜粋して編集したものである。学習活動は、それらに対し、クラス内においてディスカッションの形式により、評価できる点や改善すべき点等について、批判的に評価コメントを述べ合う活動である。

この学習活動の際には、研究補助者が学習者全員の許可を得て教室に入り、学習者の発話をパソコンに記録した。発話データは、授業後にタスクの文章別にまとめた表(付録の資料5に例示)に記入され、授業後に筆者が内容を十分に確認した上で分析に用いた。

2.2 本書の構成

本書の構成として、第3章以降についての概略を説明し、最後に論文の全体像を図式化して示す。

第3章では、関連の先行研究を概観する。特に、本論の前提となる「専門日本語」と「専門日本語教育」の概念、および日本語の論文作成支援に資する専門日本語の基礎的研究等、関係の先行研究を例示しながら示し、本研究の位置づけをはかる。

第4章では、学習者が作成した文章に見られる表現上の問題について、専門日本語ライティングの観点から、個々の表現単独ではなく、文と文との関係や構成の観点を取り入れて分析し、その結果をもとに、表現の指導方法について論じる。

第2章　本研究の対象、方法および構成

　第5章では、学習者が作成した文章に見られる構成や論理展開に関する問題分析を行う。具体的には、まず、学習者の文章の問題点に関する研究を概観し、次に実際に学習者の文章の問題を、文章の構成や論理展開の観点から分析し、それらの問題を分類する。

　第6章では、「テキスト分析タスク」の効果を測るための文章評価能力に関する調査を行う。調査に先立って、「テキスト分析タスク」を用いた授業実践の報告を行い、続いて、その授業を受講した学習者に、異なる3種類の報告文の評価を行ってもらう。その結果を分析し、文章評価やその他の観点から、論文や研究とは何かの概念であるスキーマの形成と獲得について論じる。

　第7章では、「テキスト分析タスク」の実施中における学習者の発話を分析する。これは、前章で言及したスキーマが形成されているか否かを、学習者がタスクで用いた文章に対して示した個々のコメント発言の記録から分析するものである。コメントの観点を分類し、かつ、注目すべきコメントの質について論じる。

　以上、本書の構成を図式化すると、次ページの通りである。

2.2 本書の構成

第1章　本研究の背景と目的

第2章　本研究の対象、方法および構成

先行研究の概観と本研究の位置づけ
第3章：専門日本語教育における論文作成支援に資する先行研究の概観

学習者文章の分析
第4章：大学院レベルの日本語学習者が作成した文章の表現に関する問題分析
第5章：大学院レベルの日本語学習者の文章における構成と論理展開に関する問題分析

教育実践モデルの提示とその評価
第6章：専門日本語ライティング能力の獲得を目的としたテキスト分析タスク活動
第7章：テキスト分析タスク活動時の学習者コメントの分析

第8章：結論と今後の課題

図2-1　本書の構成

第3章　専門日本語教育における論文作成支援に資する先行研究の概観

　本章では、まず、「専門日本語」および「専門日本語教育」をめぐる解釈について、それぞれ、先行研究の議論を中心にまとめる。次に、専門日本語教育の枠組みにおいて研究された、特に論文作成支援を目的とする文章や文体に関する先行研究、および、それらの基礎研究が支えるライティング教育に関する研究について概観する。その上で、本研究の位置づけをはかる。

　なお、本書において「論文作成支援」という用語を用いる場合には、大学院レベルの専門日本語教育としての論文作成支援を意味するものとし、第4章以降においては、論文作成支援の観点から、より具体的な学習者の文章や学習方法をめぐって議論を進めることとする。

3.1　「専門日本語」の定義

　本節では、まず、本研究に深く関係する「専門日本語」について、関連の先行研究を概観しながら定義について検討する。次に専門日本語をめぐる研究の大まかな流れの変化を示し、かつ、より詳細に先行研究を概観する。

　「専門日本語」という用語は、現在のところ複数の解釈を有するものと言える。深尾（1999）が指摘したように、この用語は、「大阪大学における理工系留学生対象の日本語教育に関する研究協議会において使用されてきたものであるが、厳密な定義適用範囲は未だ明確になっていない」（p.9）といった状況が続いてきた。

　本研究と関連する「専門日本語」の考え方としては、大学における研究活動で用いられる、専門用語も含めた日本語表現を示すという解釈が存在する。特に学会誌『専門日本語教育研究』には、日本語で書かれた学術論文におけ

第3章 専門日本語教育における論文作成支援に資する先行研究の概観

る語彙や表現を中心とした言語使用域、つまりレジスターの研究成果（村岡 1996a；1999a, 村田 1999, 深尾・馬場 2000, 守山 2000, 安藤 2002, 畝田谷 2003, 鎌田他 2004, 増田他 2004, 他）が多数掲載されている。学会誌『日本語教育』においても、村岡・柳（1995）、村田（1996）、佐藤・仁科（1997）、村岡・影廣・柳（1997）、村岡（2001）、安藤（2002）等の研究成果が掲載されている。

　これらは、経済学系、工学系、農学系、医学系、薬学系、水産学系といった専門分野を限定した上で学術論文の日本語表現を対象としており、漢字語彙や助詞相当語（例：「〜に対して」）も含んでいる。これらのように、特に理系分野の専門日本語の研究が多く見られる傾向にあったことは、専門日本語教育に資する基礎研究としての先行研究の特徴である。上記の研究の一部は、本章の 3.2 においてもより詳細に引用しつつ関連の議論を継続するが、以下にも特徴的な先行研究の一部を例示する。

　鎌田他（2004）は薬学系の要旨集に見られる語彙の特徴を、語種や活用形、使用頻度等、多様な角度から分析している。これは、いわゆる原著論文よりもはるかに短い文章である要旨というジャンルの表現分析である。すなわち、特定の専門分野といった分野に特化するだけでなく、文章ジャンルを限定し、そのジャンルで用いられている表現の使用傾向や特徴を調査分析したものとして、特にデータの新規性が評価できる。具体的には、漢語動詞と和語動詞の出現頻度がほぼ同数であること、前者に専門的な語彙（例：発現する、投与する）が多いこと、および薬学に限らず理系分野で多く用いられる語彙（例：検討する、測定する）の存在を示した。「使う」より「用いる」、「ないで」より「ず」等のように改まった形を好む傾向も示されている。

　また、増田他（2004）は、医学術語学習辞典の開発に資する「二漢字語」を、見出し語として抽出し分析している。これは、例えば、「移植」という表現に対して、それぞれ「脳」、「生体腎」、「片」が組合わさった場合、「脳移植」、「生体腎移植」、「移植片」といった医学系の専門用語を構成するものである（p. 50）。増田他（2004）は、このような医学術語の構成要素としての「二漢字語」を認め、さらに、その造語力も分析することで、難解な漢字語彙を多数有する医学系専門日本語の一端を明らかにし、かつ、その分析結果

3.1 「専門日本語」の定義

を学習辞典への開発につなげるための有用な議論を展開している。

以上のような先行研究の動機としては、高度な日本語能力を有しない留学生が、来日後の研究活動に入る以前に、あるいは研究活動と平行して、短期間のうちに、専門的な研究活動を支える日本語運用力を効率的に獲得するために必要な日本語を、分野別に特化して抽出を試みたものである。

これらは、Japanese for General Purposes としての従来の日本語教育では扱われなかった日本語表現の使用傾向を、専門分野ごとに明らかにしたものであり、上記の時間的制限の厳しい留学生という学習者を対象とした専門日本語教育に資する基礎研究として、いずれも重要なものである。

以上の研究では、日本語教育学の研究者が、日本語能力の獲得を必要とする学習者のニーズや背景を熟知した上で、各専門分野で必要とされる目的に合致した専門日本語を、言語学的アプローチにより分析と考察を行っている。増田他（2004）において、医学系研究者が共著者になっているケースのように、必要に応じて、その専門分野の研究者とも連携した上での研究成果を発信する等、専門日本語の研究には、研究者の協働も一層推進する契機が存在していると考えられる。

また、他にも、三牧（1995）で指摘されているように、大学院等での教育・研究場面における「専門日本語」は、特定分野に限定せず、多くの学問分野に共通して用いられる研究上必要な「学術日本語」を含むという解釈も存在している。ここでは、上記の分野別の日本語表現の存在を認めながらも、分野横断的に用いられる基礎的な「専門日本語」が存在するというモデルの想定をもとに検討されている。

この考え方により、先述した分野別の専門日本語に関する研究成果を比較分析するアプローチが、「専門日本語」の像を、さらに明らかにできると推測される。また、そういった分野横断的に共通する言語表現の様相を、表現や漢字、文体等、多くの観点から丹念に見出していく調査分析は、今後も学際的な種々の研究が一層進むと予想されることから、ますます活発になると予測される。

一方、「専門日本語」は、研究活動場面に限らず、ビジネスや技術研修、

医療、観光等、特定の職業場面で用いられるという、より広義の解釈も存在しており、昨今は、そういった学術研究目的以外の場面における表現の分析も盛んになりつつある。

例えば、山本他（2008）は、企業が期待する「人財[11]」の能力とビジネス日本語について外国人社員と企業を対象に大規模調査を行った結果を報告している。在学中の専門分野や、就職後の職種を問わず、「高度な幅広い日本語能力」、「日本社会一般に関する理解力」、「社会人基礎力」などへの期待があり、日本人学生への期待と大きく異ならないことを示した。その上で、外国人社員が企業の期待に応えられていない側面を議論し、大学在学中のアカデミックジャパニーズとの関係の分析から、アカデミックジャパニーズで求められるものと共通する能力を整理し、ビジネス日本語教育にコンテントベース教育法を導入することを提案した。

また、矢沢（2006）は、医療現場で求められるコミュニケーションスキルとして、薬剤師から患者への薬の説明を行う服薬指導の場面を取り上げている。これは特定の場面を取り上げてはいるものの、語彙表現を扱った研究ではなく、投薬指示の非遵守（ノンコンプライアンス）問題解決のために、日米間の文化的差異や、日本での医師と患者との関係もふまえた上で、コミュニケーションスキルのあり方の観点から、問題の特定と解決法の模索を行っている。

以上例示したように、当初学術的な場面での、言わば狭義の分野別専門日本語の研究から、職業場面での専門日本語の研究まで、研究範囲の射程が広

---

11) これは、経済産業省と文部科学省により、「アジアの相互理解と経済連携の促進に向け」2007年から実施されている大規模プロジェクトである「アジア人財資金構想」(http://ajinzai-sc.jp)（2014.7.1最終検索）の「人財」によるものであり、現在も各大学で自立的に運営されている。本プロジェクトは「優秀な留学生の日本への招聘、日系企業での活躍の機会を拡大するため、産業界と大学が一体となり、留学生の募集・選抜から専門教育・日本語教育、就職活動支援までの人材育成プログラムを一貫して行う」もので、大阪大学を含む日本の複数の大学が採択された。これは、キャリア形成支援として、在学中からビジネス日本語教育やビジネス事情教育等を施す試みが、全国的にも注目されたものである。

がることにより、研究自体の方法論も多様になってきた。換言すれば、論文や要旨に含まれる書き言葉としての語彙表現を対象とした調査分析から、コミュニケーション場面や、その中でさらに各々必要とされる特定場面における、ダイナミックな日本語運用自体を、より包括的に捉えようとする研究成果まで、幅広く成果が公開されるようになったと言える。

次節では、上記の議論に特に有益であると考えられる宮島 (1981) および春原 (2006) を参照しつつ、「専門日本語」の基本的な解釈について留意すべき点をまとめ、議論を継続する。さらに、関連の先行研究における「専門日本語」の具体例を、より詳細に示した上で、本研究での「専門日本語」を定義することとする。

3.2 「専門日本語」の示す範囲

宮島 (1981) は「専門言語」という概念を提案し、「専門言語」が次の2点を含むと説明した。

 1．専門分野に特有な単語
 2．専門分野における文法的な特徴や位相・文体的特徴

この考え方は、日本語に限らず、どの言語にも適用できるものであり、言語研究のあり方に対して示唆的である。宮島は、さらに続けて、「その言語生活がしらべられれば、さらによいだろう」(p.6) との指摘を行っている。

上記の指摘は極めて有用である。研究対象は、単語や文法、あるいは、文章・文体であっても、それらを支えている言語生活の中で、それらを用いる人や目的、場面に応じて適宜使用が規定され、あるいは限定されるものである。したがって、「専門日本語」にかかわる議論を行う場合には、「専門日本語」の使用場面と併せて、上記のような研究対象となる日本語の範囲を明確にしておく必要があると考えられる。

このような、教育・研究の対象としての専門日本語の捉え方は、次節 3.3

第3章　専門日本語教育における論文作成支援に資する先行研究の概観

での「専門日本語教育」の解釈にも影響するものである。これは、前節 3.1 で示したこれまでの専門日本語に関する研究の概観においても述べてきた点、すなわち、狭義の専門用語等だけではなく、広くコミュニケーション場面を把握しておくことが重要であるということに通ずる考え方である。

　上記の宮島（1981）の1と2について、本研究の議論に関与すると思われる具体例を示しながら、さらに考察を加える。

　「1．専門分野に特有な単語」は、まず、「専門用語（technical term）」と一般に呼ばれるものが想定される。ただし、「専門用語」の認定が困難な場合も考えられる。例えば、1つの用語が専門分野によって別の解釈を生むことがある。つまり、1つの語あるいは表現が、必ずしも特定の一分野でのみ用いられる専門用語に限定されるわけではないということである。その一方で、1つの語あるいは表現が専門用語としても用いられ、かつ一般的に日常的にも用いられるケースも十分に存在する。宮島も類似の指摘を行っている（p.6）。これらについて村岡他（2001）の例をもとに、以下に説明を加える。

　現在では「多文化共生」等で日常場面においてもよく用いられるようになった「共生」という用語は、もともと生物学の方で用いられてきている専門用語である。複数の種がともに生きている状況を示し、その中の一つの種が死ねば他の種も生きてはいけないことを含意している。例えば、文部省・日本造園学会の『学術用語集農学編』（1986）には、「共生生物」、文部省・日本植物学会の『学術用語集　植物学編（増訂版）』には、「共生発芽」「共生菌体」等、さらに専門性の高い言葉が記載されている。「多文化共生」で用いられる「共生」は、生物学での用いられ方からの意味拡張が起こった結果であり、異なっていると言える。つまり、多様な文化背景を持つ者同士がともに社会に存在することは、生物学での使用法のように、一つの存在が欠ければさらに他の生存が困難になることを含意するものではない。

　また、他の例として、「熱伝導率」という用語は、1992年の「学術用語審査基準」において、物理学、電気工学、機械工学、土木工学、建築学の複数の分野間で、一つの用語に統一するよう調整された（文部省・社団法人日本物理学会の『学術用語集物理学編（増訂版）』（1990, p. 660））。これらは、以下のよ

3.2 「専門日本語」の示す範囲

うに、「その用語が本来所属すると思われる専門分野のものを優先的に扱って、調整することに努める」（同上 p. 660）基準のもとで統一が行われた。

熱伝導率【物理学】　　　⎫
熱伝導度【電気工学】　　⎬　→　熱伝導率
熱伝導係数【機械工学】　⎭

　これは、一つの専門日本語が複数の専門分野で派生的に異なった形態で使用されてきた背景を持ち、さらに、本来的な分野の用語に統一された事例である。
　以上のことから、「専門日本語」は、場面や分野、あるいはそれを取り巻く言語生活そのものから切り離した単語自体ではなく、また、時代の流れによっては用語の統一といった事例も存在することから、一つ一つの用語の厳密な使用が非常に重要であることが明らかである。したがって、「専門日本語」を教育・研究の対象とする場合には、それが使用されている言語生活や使用場面自体を特定した上で、その中での使用法や機能を精査しておくことが重要であると言える。
　なお、上記の議論とは別に、さらに、深澤（1994）の検討と提案を以下に示す。深澤（1994）は、専門用語ではない「準専門用語」という概念と表現を提案した。その定義は以下の通りである。

　　一見すると一般のことばでありながら、科学技術文特有の正確さを期するために、より限定した意味で使われている語や表現（p. 29）

　準専門用語の具体例として、理系の専門教員と日本語教師が、留学生のある作文をそれぞれ添削した調査の結果、日本語教師が朱を入れなかった部分で、専門教員が修正した表現の例として、次のような例が挙げられている。
　深澤（1994）によると、日本語教師は、同作文に「たくさん」とあったものを書き言葉として適切な「多く」に修正したが、専門教員は、「たくさん」

第 3 章　専門日本語教育における論文作成支援に資する先行研究の概観

を「種々」と修正した（p. 31）。「たくさん」という表現は主観的で科学技術文の中では曖昧さが生じるため、正確に表現できる語を選択する必要性が指摘されている。

　また、以下のように、日本語教師が修正しなかった箇所で、工学系の教員が、専門分野の近い学習者の書こうとした内容を理解し、それに合わせ大幅に表現や文の構造を変えている例が示されている。深澤（1994）の資料（p. 32）から以下に抜粋する。なお、ゴシック体の文字は引用者である筆者による。

　　原文
　　　「曲げ疲労試験の時、試験片の破壊強度の……」

　　添削例 1（専門教員）
　　　「曲げ疲労試験**によって得られる**、試験片の破壊強度の……」
　　添削例 2（専門教員）
　　　「曲げ疲労試験**で生じる**、試験片の破壊強度の……」

　ここでは「漠然と『曲げ疲労試験が行われる時』を指しているのではなく、「曲げ疲労試験」と「破壊強度」の因果関係をはっきりさせて『疲労試験の結果生じる破壊強度』の意味を正確に示す必要がある」（同上 p. 32）と指摘されている。この例では、「によって得られる」、「で生じる」の双方とも、表現自体は難解でなく一般に理解できるものであるが、先に引用した「科学技術文特有の正確さを期する」（同上 p. 29）ために専門的な内容を示す表現として極めて重要なものであると位置づけられる。

　深澤（1994）は、山崎他（1992）[12]の『理工系を学ぶ人のための科学技術案内』に掲載された例を引用して、「温める」は科学技術用語としては使われず、「加温する」「熱する」「強熱する」等のように意味を限定して使い分け

---

[12] この教科書は、のちに同著者らによって加筆と修正が加えられ、『科学技術日本語案内　新訂版』（2002）（慶應義塾大学出版会）という新訂版として刊行されている。

がなされる（p.34）重要性をも指摘している。
　以上、専門日本語が示す範囲に関して、

(1) 当該表現が用いられる場面や環境に留意する必要があり、その留意がなければ別の専門日本語との混乱が生じる可能性があること
(2) 一般の表現であっても、専門分野によっては、より厳密な使い分けが行われるという観点から、準専門用語の存在が指摘されていること

の2点を、先行研究を参照しながらまとめた。

3.3 「専門日本語」に関する先行研究の概観

　先の宮島（1981）が示した「専門分野における文法的な特徴や位相・文体的特徴」をふまえ、本研究の主旨に鑑みて、以下では、種々の専門分野における、特に論文等のアカデミックな文章における専門日本語を分析した先行研究を概観する。
　まず、語彙調査や機能語の分析について示し、次に、語のレベルを超えた「文型」の調査について紹介する。
　村岡・柳（1995）は、農学系の『園芸学雑誌』を、村岡他（1997）は農学系の8学術雑誌に掲載された日本語論文の文章から、高頻度で用いられる動詞、イ形容詞およびナ形容詞、副詞、接続詞を抽出した。その結果、複数の農学系分野において限られた語彙が頻繁に用いられることを示し、従来の日本語教育で扱われる語彙との差異を明らかにした。特に、使用頻度の高い動詞は、一般に日本語の中級レベルまでで習得されるものが多かったものの、ナ形容詞はイ形容詞に比べても異なり語数が多く、「有意な」、「明らかな」の他、「顕著な」、「密接な」等といった、難解な漢字を用いたものが比較的多く見られた（村岡他1997, p.67）。以上のことから、学習者が日本語による論文の読解や作成を目的とする場合には、上記のような専門日本語教育研究

の知見を有効に用いることが可能であると考えられた。

　次に、理工系専門書における種々の表現を研究した仁科 (1997a) は、「機能語」の使用状況についても分析している (pp. 51-66)。機能語は、助詞相当句、接続辞、文末辞等、概念と概念との関係を示す機能を持つものと規定されており、名詞や動詞の「内容語」と対になるものである。例えば、「～に基づいて」、「したがって」、「示す」といった機能語は、理工系の専門書というアカデミックな文脈で用いられる重要な語彙である。

　さらに、仁科 (1997b) は、機能語によって思想の表現が可能になるとした上で、機能語の語法の学習は、専門概念を獲得するスキルとして必要であると指摘した (p. 63)。機能語はいわゆる専門用語ではなく、専門書に加え論文においても広く用いられる表現であることから、上記の研究は、理工系日本語を学ぶ必要のある学習者にとって非常に有用な知見を提示したと考えられる。

　関連する機能語を分析した研究である佐藤・仁科 (1997) では、工学系の学術論文100編を対象とし、判断を表す表現形式で断定保留型のものに着目して調査した結果、「と考えられる」が全用例の半数以上を占めることを明らかにした。その上で、「と考えられる」の機能を詳細に分析し、1) 確かな根拠にもとづく判断を断定せずに可能性として述べる場合、2) 確かな根拠を伴わない判断を当然の帰結として示す場合、の2種類に分類し、さらに、「思われる」や「言える」より使用範囲が広いことも示した。

　佐藤・仁科 (1997) は、単に工学系の学術論文で用いられる文末表現の一部の用法を示しただけでなく、学術論文における考察部分等の議論で頻用される表現から、議論がどのような根拠を伴って展開されていくかの様相を、具体例に則して詳細に分析したものと評価できる。つまり、「考えられる」といった文末表現の使用頻度等の表層的な出現傾向にとどまらず、学術論文の考察部分における最も重要な判断形式を、その論理展開の観点から分析した点が高く評価でき、専門日本語ライティングにおける非常に有用な表現の分析であると言える。特に、専門分野を問わず頻用される「考えられる」等の機能語は、特定の分野でのみ用いられる名詞等の内容語としての専門用語

とは異なり、極めて汎用性があり、かつ、論文における思想の表明や考察の展開上、記述された情報の出典を明示するものとして重要な役割を果たすものと言える。したがって、一般に初級日本語教育の話し言葉の基本文型として扱われる「ようだ」「らしい」「かもしれない」「と思う」といったモダリティー表現を中心に習得してきた学習者が、中級レベル以上の段階において、論文の読解や作成を行う学習目的がある場合には、優先的に学ぶ必要性の高い表現であると認められる。

さらに、深尾・馬場（2000）は、農学・工学系論文に出現した機能語の「に対して」を、理系の文を産出するためという視点で分析し、「に」や「について」との差異も扱いつつ、種々の例を分類した。また、これらが一般の日本語教科書で用いられるものとは異なったものであることも、各種の例から示されている。

以上はいずれも、いわゆる専門用語を分析した研究ではなく、機能語を中心とした専門日本語を扱ったものである。これらは、論文で説明や解釈を加えたり議論を進めたりする際に、仁科（1997a）が指摘したように、概念と概念との関係を明示する極めて重要な役割を果たすものであり、それによって専門的な概念の理解や表示が可能となる。文末モダリティー表現の「考えられる」や「言える」も同様で、論文の著者の推測等の意見か事実かといった情報の質を明示することから、論文の文章を構成するための基本的で重要度の高い専門日本語であると結論できる。

一方、個々の表現ではなく「文型」を調査した研究も紹介する。以下、村岡（1999a）、村岡（1999b）、および村岡（2001）について概観する。

先述したように、1990年代以降、専門日本語教育のための基礎研究として、日本語で書かれた学術論文（以下、論文）の語彙や文型に関する研究が徐々に行われるようになってきたものの、一般に「緒言」や「結果および考察」といった、論文を構成するセクションごとの文体についての実証的な研究は、必ずしも十分には行われていなかった。

英語教育学の分野では、3.5、3.6で後述するESP（English for Specific Purposes）の観点から、また3.6で詳述するSwales（1990）による学術論文の序

論部のムーブ分析等において、コミュニケーション上の目的に着目した、論文を構成する要素を明らかにする試みは既に行われていた。日本語教育学の分野では2000年前後から、語彙や文型のレベルを超えた、専門分野別論文を対象とした文章レベルでの実証的な研究がようやく行われ始めた。

例えば、村岡（1996a；1999a；1999b）等の研究では、日本語論文作成支援のための基礎研究として、論文における各セクションの文章を対象に、文型や接続表現を調査し、その結果をもとに各セクションの文章を文体的[13]に明らかにしてきた。

「緒言」や「結果および考察」等のセクションは、論文中に占める位置づけや記述内容がそれぞれ異なるため、各々のセクションで用いられる表現の使用傾向も異なるものと言える。例えば、一般的に、農学系日本語論文の構成の枠組みは、「タイトル」、「緒言」あるいは「はじめに」、「材料および方法」あるいは「実験方法」、「結果」、「考察」、「摘要」あるいは「要約」、「引用文献」などである。これらはそれぞれ記述内容が異なるため、個々の枠組みにおける文末表現や文型は異なるものと考えられる。

したがって、論文全体に出現する語彙の傾向だけでなく、各セクションの目的に適した表現の現れ方を分析することは有意義であると考えられる。なお、ここでの「文型」は、例えば「AはBである」や「AはBを行った」のように、一文における格関係を明示する助詞や、主語および述語等の文の成分によって構成されるパターンとする。

まず、村岡（1999a）は、農学系日本語論文40編の「緒言」を対象とした文末表現の分析をもとに文型の調査を行った。その結果、農学系日本語論文の「緒言」は、限られた文末表現（例：考えられる、報告している）を多用し、また少数の文型（例：「～であると考えられる」、「（Xでは）～を行った」）により構成されていることが実証的に示された。そのことから、「材料および方法」

[13) 本書では、文体を村岡（1996b, p.264）にしたがって、「すべての文章が有するもので、書き手の表現したい内容を目的と状況に応じて効果的に伝達するための表現形式」と広く定義する。

3.3 「専門日本語」に関する先行研究の概観

等の他の枠組みにおいても同様の調査を行う意義があると考えられた。

村岡 (1999b) は、種々の農学系日本語論文を構成する一セクションである「材料および方法」で共通して用いられる文型の有無について分析した。「材料および方法」は、実験に用いた対象と方法について時系列にそって客観的に報告する部分である。したがって、研究の背景説明を行う「緒言」や、種々の議論を展開する「考察」等の、他の枠組みの文章と比べると、「材料および方法」の文章は、かなり限られた文型を多用していると推測された。

調査分析の結果、「タ形」は調査対象とした論文のセクションにおいては9割近く用いられている等、実験や調査を実施した事実を淡々と記述する表現としてその文体を構成していた。それらが「材料および方法」の文体を規定する重要な要因であることが明らかとなった。それとは対照的に、村岡 (1999a) によると、「緒言」部分においては、「テイル形」が最も多く認められ、「報告されている」や「問題になっている」といった表現において用いられていた。

一方、村岡 (2001) は、「緒言」と「材料および方法」のそれぞれの先行研究 (村岡 1999a, 村岡 1999b) の結果と比較して、「結果および考察」のセクションについて文末表現と文型の分析から、論文を構成するセクションによって、動詞の活用形や文型に著しい偏りが見られることを明らかにした。

さらに、村岡 (2001, pp. 92-96) の「結果および考察」においては、活用形のばらつきが多く、かつ、他のセクションの使用状況と比較して特に「受け身形」の使用が目立つという結果が得られた。各セクションにおける「受け身形」の出現率は、「緒言」では11.7%、「材料および方法」ではわずか2.4%であったのに対し、「結果および考察」では、25.6%に達した。また、受け身形を用いた「〜（現象や傾向）が認められる／認められた」といった文型は農学系分野の特徴的な使用法であると考えられた。これらはいずれも、論文の著者の認識的態度を示す文型として頻繁に用いられていた。

「結果および考察」は、その論文の著者が、実験や調査の結果を報告し、それを用いて特定の論点のもとに議論を展開するところであり、また、図表も効果的に利用される、論文中で最も分量の多いセクションである。そのこ

とから、「結果および考察」は、「緒言」や「材料および方法」の文型とは異なった文末表現や文型が、ヴァリエーション豊かに用いられていると解釈できることが明らかになった。

上記の文型に関する3つの先行研究の結果は、論文を構成するセクション、すなわち、「緒言」、「材料および方法」、「結果および考察」の各文章が有する目的と記述内容の差異を反映し、各々の文体を形成する重要な要因であると言える。

以上のような語彙や文型を分野別に詳細に調査分析した先行研究は、いずれも、従来の日本語教育では扱われることがなかった「専門日本語」の諸側面を明らかにしてきた。これらの例は、「専門日本語」に関わる先行研究の一部ではあるが、いずれも、各専門分野や、記述目的が異なる論文のセクションにおける「専門日本語」の使用傾向を探り、それぞれの特徴を明らかにしたものである。

なお、このような研究では、特定の学術的な場面で使用される日本語の傾向を明らかにするものとして、とりわけ表現のパターン化が比較的見られやすい自然科学系の日本語の分析が盛んに行われていることがわかる。自然科学系分野における専門用語としての日本語は、人文・社会系の場合と比較して、「指し示すものと表現形式が、一対一に対応する場合が多く、一つの概念を全世界で共有できる」（仁科 1997b, pp. 61-62）といった特徴が見られる。また、自然科学系においては、多くの学会誌の執筆要領が詳細で、書式や構成がかなり厳格に決められているといった側面もある。したがって、自然科学系で用いられる日本語は、個々の表現の使用状況のみならず、文章構成等についても、人文・社会系に比して、パターン化が認められる傾向が強いと考えられる。

3.4　本研究における「専門日本語」

本研究における「専門日本語」を本章で規定する前に、春原（2006）の知見を紹介する。春原は、「専門日本語は、何事かをなすための、何者かにな

3.4 本研究における「専門日本語」

るための言語活動である」(p. 13) と指摘し、以下のような例を用いて説明している。

> 走らなければマラソンランナーではなく、書かなければ作家でないのと同じように、IT日本語を身につけつつ、システムを開発することでシステムエンジニアとなり、看護日本語を学びつつ、医療現場で働くことで看護師となり、観光日本語を習いつつ、日本人観光客を案内することで観光ガイドとなっていく (p. 13)。

上記の説明に従えば、「専門日本語」とは、単に日本語による一般的な会話能力を獲得したいといった目的や、映画やアニメの日本語を学びたいといった目的のための特定のスキルや表現能力を養成するものではなく、その日本語を習得することで、それを用いて何かを成し遂げる、あるいは専門家あるいは職業人になるという特定の目的を達成するために必要な日本語であると換言できる。

本研究で扱う「専門日本語」は、上記の議論を踏まえた上で、大学での教育現場に適したアカデミックな目的のための日本語（Japanese for Academic Purposes）と位置づける。

大学院生は、本来、研究を行った成果を論文や口頭発表という公開のための手段により他者に対して発表する必要がある。その発表の場は、いわゆる大学内の研究室というコミュニティから、学会等の学内外の関係者が集う比較的大規模なコミュニティまで多様な段階のものが存在する。学習者が将来研究者を目ざすかどうかは、修士課程か博士課程かによって異なるであろうが、いずれのコミュニティにおいても、そこに参加するために必要な日本語運用能力を獲得する必要がある。そのコミュニティにおける参加者、あるいはメンバーとなるために、自身の専門分野の知識を活用しつつ、論文等の成果発表の手段を効果的に用いることが肝要であると言える。

本研究では、以上の専門日本語を、大学院レベルの学習者が最終的に、研究活動の成果を発信するための重要な手段である論文に必要な日本語とし

て、特に日本語論文の表現や文体、文章の構成および論理展開を中心に取り上げて分析する。その際、詳細は第4章以降において論述するように、表現や文体は、論文の構成や論理展開と切り離して議論することはしない。すなわち、論文の文章における構成や論理展開を分析する過程で、必然的に求められる表現や文体について、論文という文章ジャンルが持つ目的や特徴に鑑みて分析を行うものである。

分析にあたっては、個々の細分化された分野別の論文作成指導を行うことが目的ではない。学習者が母国や日本で作成してきた日本語による、日常的あるいは一般的なテーマでの作文ではなく、最終目標の論文作成に至る以前に、まず、レポートや論文を作成するために必要な、アカデミックな目的のための基礎的なスキルの養成を目ざすこととする。

3.5 専門日本語教育と一般日本語教育

前節3.4においては、関連の先行研究を概観しながら、専門日本語について議論を行った。本節では、専門日本語の教育である「専門日本語教育」の定義や特徴について、従来より行われてきた一般日本語教育と対比的に示すこととする。

まず、佐野 (2009) は、学会誌『専門日本語教育研究』への寄稿において、英語教育学分野で議論されてきた ESP (English for Specific Purposes) 関連の研究の軌跡をたどった上で、専門日本語教育を目的別日本語教育、すなわちJSP (Japanese for Specific Purposes) とし、「明確な特定のニーズに基づく日本語教育」(pp. 10-11) と定義した。

さらに、佐野 (2009) は、JSPを、以下の2つに分けた上でそれぞれ例示している。

1) 専門別日本語教育 (Japanese for Japanese for Academic Purposes)
2) 職業別日本語教育 (Japanese for Occupational Purposes)

3.5 専門日本語教育と一般日本語教育

佐野（2009）においては、Hutchinson & Waters（1987）や Dudley-Evans & St. John（1998）等の ESP の解釈を参照し、JSP（Japanese for Specific Purposes）の中でさらに JAP（Japanese for Academic Purposes）を認めた上で、この JAP の学習者グループについて次のように述べている。

> 専門領域を持つ大学院生や研究生が中心であり、理工系、人文学系、社会科学系のそれぞれにまた細分化された領域がある（p. 12）。

本書でこれから議論する「専門日本語教育」は、この JAP に該当するものである。

さらに、先述した春原（2006）は、専門日本語教育では、第一に内容が問われるという点を以下のような例から説明している。なお、以下の引用部分の冒頭に用いられている「非専門日本語教育」という用語は、本書では「一般日本語教育」として解釈する。

> 非専門日本語教育のように、受身動詞を練習するためにどんな場面や話題が相応しいかという筋道とは正反対である。まず特定の世界、病院や企業、小学校や野菜農家など、固有の現場がある。その現場を構成する内容、知識、技能、役割、参加の仕方等がまずあり、参加の入会手続き（イニシエーション）に従って、言葉も学んでいく（pp. 13-14）。

「専門日本語教育」の枠組みにおいては、先の佐野（2009）の指摘にもあったように、学習者は特定のニーズを有しており、また、日本語学習の目的は、基本的には教師が一方的に決めるのではなく、学習者が明確に持っていることが前提である。それは、春原（2006）が言及したように、学習者は、日本語が必要とされる「固有の現場」のメンバーに既になっているか、あるいは今後そのメンバーになる予定であるかのどちらかであると考えられることからもわかる。

その上で、「専門日本語教育」とは、上記の「固有の現場」で必要とされ

る日本語を、適宜、場面や対人関係、情報伝達の媒体に応じて学習していく形態であることが求められ、その特性を前提にコースデザインが行われる必要があると考えられる。

したがって、「専門日本語教育」は、実際にその「固有の現場」を熟知しない日本語教師が、学習項目を独断的に設定し教授するのではなく、むしろ、学習者自身や、その現場に関与する多くの人的リソースの活用も必要とされる「固有の現場」に特化した日本語の教育であると言える。

ただし、固有の現場に特化した日本語の教育とは、専門用語等の語彙・表現を、教師側が教授項目として教える教育ではない。学習者の個々の専門分野すべてに応じて、教師が教えていくことは、事実上不可能である。むしろ、そういった語彙・表現は、学習者が固有の現場で自律的に習得していくことが期待されるものであると筆者は考えている。

したがって、専門日本語教育においては、学習者のそのような自律的な態度を涵養する必要がある。学習者自身は、固有の現場という環境の中で用いられる日本語を自ら観察して分析しつつ、必要な運用能力を獲得し、かつ、それをモニターすることにより、必要に応じて日本語運用の方法や学習の方法自体を改善していくことも可能な、狭義の語学能力を超えた能力が求められるものと考えられる。

以上の議論から、専門日本語教育にかかわる教師は、学習者が、徐々に固有の現場とそこでの日本語使用状況を自律的に把握した上で、自ら学んでいく能力の養成、すなわち、自律的な学習スタイルの形成に貢献する必要があると考えられる。これについては第6章においても、改めて具体的な学習活動の事例に基づいて関連の議論を行う。

さらに、本書が対象領域とする専門日本語教育においては、対象学習者は、日本における大学院レベルの留学生である。大学院レベルとは、大学院生のみならず、大学学部を卒業した学習者として、今後大学院へ進学する予定の研究生も含むこととする。このような学習者を対象とする専門日本語教育は、一般日本語教育と比較して、際立った特徴として次の3点を有する。

3.5 専門日本語教育と一般日本語教育

① 学習者が有する特定の学習目的を達成するため、比較的短期間での効率的かつ効果的な教育が求められる。
② 学習者は比較的高度な専門性を有する。
③ 日本語のレベル設定は一般日本語の場合と異なる。

以下、上記の3点について説明を加える。

まず、①の例では、日本における大学院進学を目ざす留学生を対象とした、集中的な日本語予備教育が挙げられる。大阪大学等の国立大学法人の例では、日本語予備教育を受ける学習者は、大学院入試のための受験勉強を自身で行うかたわら、あるいは受験勉強に取り組む以前に、15週間程度日本語を集中的に学習する[14]。この予備教育は、いわゆる予備校的な受験対策を行うのではなく、大学院入学後に必要な専門日本語による種々のコミュニケーション活動が行えるよう、基礎的かつ橋渡し的な教育を行うものである。

また、上記の②と③については、大学院への入学を目ざす学習者は、基本的に母語か英語により比較的高度な専門性を身に付けている。したがって、学習者は、その専門性を適宜活用しつつ専門日本語の学習を行うこととなる。そのため、例えば、特に大学院レベルの学習者に限らず、広く日本語学習者を対象として実施されている「日本語能力試験」で測られるものとは異なる日本語能力を養成するものである。

若干の例を挙げるならば、既に高度な読解能力を有する漢字系の学習者が、特に口頭発表や研究上のディスカッションに必要な日本語能力の習得を目指す場合が考えられる。また、本書で扱う対象者のように、論文やレポートを日本語で作成する予定の学習者が、日本語によるアカデミック・ライティングについて学ぶ場合も考えられる。いずれの場合にも、口頭発表、ディスカッション、論文等のライティングにおける内容自体は、上記②の通り、専門日

---

[14] 大阪大学国際教育交流センターでは、「日本語集中(研修)コース」(http://www.ciee.osaka-u.ac.jp/japanese_program/)(2014.7.1最終検索)として開講しており、受講者の専門分野の差異に関わらず、学期末には視覚資料を用いた日本語のみでの口頭発表が行えることを目的としている。

第3章　専門日本語教育における論文作成支援に資する先行研究の概観

本語教育では、基本的に学習者自身が一定程度の専門的知識を備えていることが想定されるものである。

　また、③の日本語レベルについては、専門日本語教育は、「読み、書き、話し、聞く」の4技能を総合的に上級レベルまで向上させた学習者のみを対象とするのではなく、中級レベルの日本語能力を有する学習者であっても、十分に教育対象となるものである。

　専門日本語教育の枠組みでは、本来、日本語のレベルは、学習者の専門分野ごとの目的によってかなり異なる可能性があり、一律の基準を設けることは困難である。そのため、例えば、漠然と、母語話者が日常生活で行うような、新聞や小説が読める、あるいは、映画の日本語が聞ける、といった、一般的な技能の養成ではない。小説の読解が困難で、映画の日本語が聞き取れなくても、論文が書け、研究上のディスカッションが可能である、といった事例は中級以上の学習者であれば、十分に考えられる。

　逆に、日本語能力試験の新試験でN1からN5までの5段階のうち、最も高いN1レベルに合格した学習者であっても、論文執筆や研究上のプレゼンテーションを行うことができないケースは、筆者の教育経験的にも非常に多いことは明らかである。こういったケースは、論文や研究の概念が把握できておらず、アカデミックなトレーニングを受けていないために、論文執筆やプレゼンテーションが行えない。つまり、専門日本語教育を実質的に受けていない場合には、日本語能力試験のレベルにかかわりなく、日本語によるアカデミックな研究活動が遂行できないと言える。

　あわせて、学習者がいわゆる日本語の教室を離れて自律的に研究活動を行っていけるように、常に自身の学習管理を行い、自身の学習をモニターしていく姿勢が求められる。したがって、専門日本語教育は、一方的な教育ではなく、最終的には、自立した大人の学習者として、自ら学習をモニターし管理していけるように支援する目的の学習活動の推進も視野に入れる必要がある。この点についても、本書後半の第6章以降において、再び取り上げて議論する。

3.6 専門日本語教育としての論文作成支援に資する文章構成と論理展開に関する先行研究の概観

　本節においては、3.5で示した専門日本語教育の枠組みを活用し、論文作成支援に資する先行研究について概観する。そのうち、特に表現や語彙に関する研究は、3.2と3.3においても紹介した。本節では、日本語で書かれた学術論文の文章における構成と論理展開の観点から、本研究にとりわけ深く関係すると考えられる先行研究を厳選してまとめることとする。

　先行研究が対象として扱った学術論文の専門分野は、人文科学系、社会科学系、農学・工学系である。以下、発表年の古い論文から順に、杉田（1997）、佐藤・仁科（1997）、村岡他（2005a, b）、木本（2006）、大島（2009c）、佐藤他（2013）の研究成果を示す。

　なお、その前に、杉田（1997）や木本（2006）等が理論的に依拠したSwales（1990）のジャンル分析のアプローチについて説明しておく。

　Swales（1990）は、次の図3-1に示すようなCARSモデル（"Create a Research Space Model"）を提唱し、英語論文の序論部が、ムーブとステップという要素から構成されていることを示している。また、このモデルは、Swales（1990）によって示されたDiscourse Community（以下、ディスコース・コミュニティ）の考え方、すなわち、特定分野の学術論文には、その分野の構成員が所属するディスコース・コミュニティにより作成され、繰り返し用いられてきた文章の構造と表現のパターン化が見られるという前提に基づいている。

　一般に、言語の違いにかかわらず、専門分野や研究手法によって論文の構成方法の多様性が認められると考えられるが、このようなモデル構築の考え方自体は、有意義なものである。以下に示すように、多様な専門分野での論文の文章に対する研究の進展が見られた。

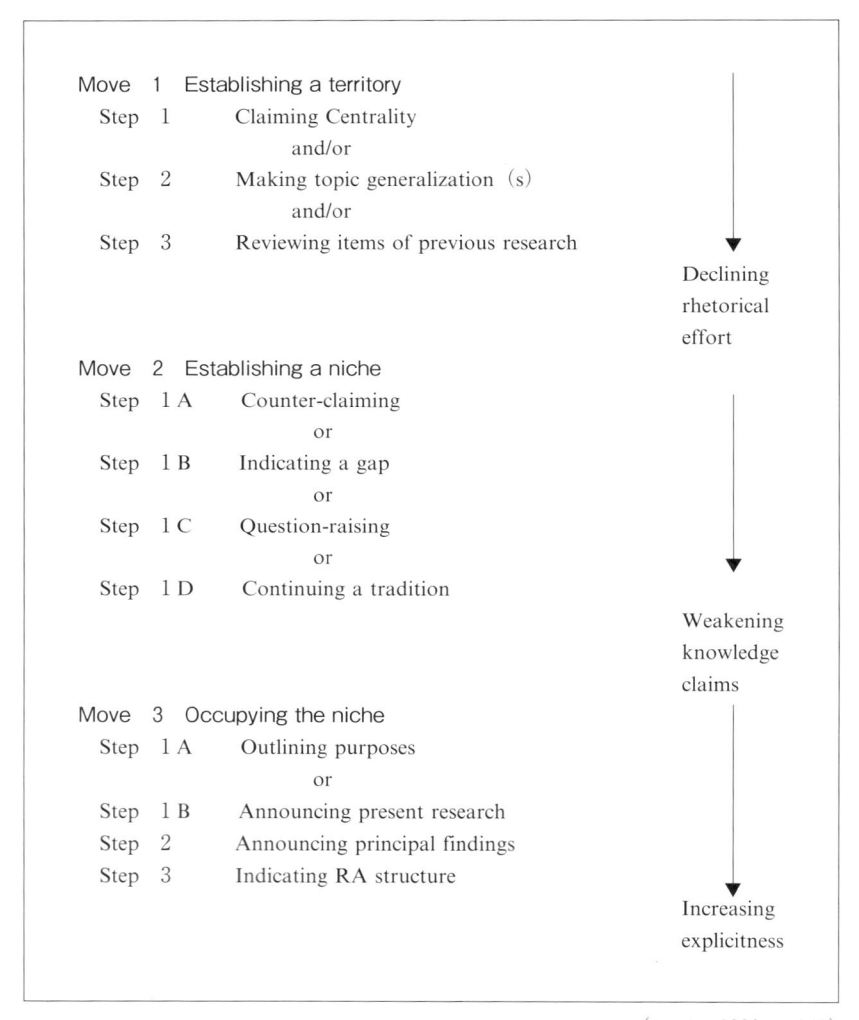

第3章　専門日本語教育における論文作成支援に資する先行研究の概観

```
Move  1   Establishing a territory
   Step  1      Claiming Centrality
                    and/or
   Step  2      Making topic generalization (s)
                    and/or
   Step  3      Reviewing items of previous research
                                                        Declining
                                                        rhetorical
                                                        effort

Move  2   Establishing a niche
   Step  1 A    Counter-claiming
                    or
   Step  1 B    Indicating a gap
                    or
   Step  1 C    Question-raising
                    or
   Step  1 D    Continuing a tradition
                                                        Weakening
                                                        knowledge
                                                        claims

Move  3   Occupying the niche
   Step  1 A    Outlining purposes
                    or
   Step  1 B    Announcing present research
   Step  2      Announcing principal findings
   Step  3      Indicating RA structure
                                                        Increasing
                                                        explicitness
```

(Swales 1990, p. 141)

図3-1　A CARS model for article introduction

3.6 専門日本語教育としての論文作成支援に資する文章構成と論理展開に関する先行研究の概観

　杉田（1997）は、Swales（1990）のジャンル分析のアプローチを援用し、日本史学分野の学術論文30編における序論部分の文章構造について、書き手のコミュニケーション上の意図という観点から分析を行った。その結果、当該の序論の文章は、1）研究テーマとしての価値の陳述、2）先行研究への言及、3）当該論文についての説明、4）歴史的な事実関係の解説、という4つの構造的要素から構成されていることを明らかにした。

　このような学術論文における序論部分の構造についての知見は、上級日本語学習者に対する文章指導に有益な情報を提供できると評価できる。論文の序論は、研究の背景や意義、先行研究の概観といった抽象的な議論をも行うために、執筆が容易ではない。口頭発表の序論部分を分析した米田・林（2003）は、序論部の作成は学習者には困難を伴いやすいと指摘している。Swales（1990）は、序論文章の全体構造を明確化することによって、文章作成指導への示唆を得るという貴重な試みを行ったと考えられる。このような発想に基づいた専門日本語教育に資する研究は、杉田（1997）以前にはほとんど見られなかった。

　次に、村岡他（2005a）は、農学系・工学系分野の複数の領域における学術雑誌に掲載された論文180編から、専門分野の違いを越えて共通する典型的な論理構成や段落数、表現を、構成要素の観点から抽出した。その結果、緒言の文章は「領域提示」、「研究動向提示」、「課題設定」、および「論文概要紹介」の4構成要素が、各々特定の段落に配置されやすいことが明らかとなった。論文の「緒言」部分において4構成要素の出現傾向を分析しながら論理展開パターンの様相を記述し、多用される表現も抽出した。

　村岡他（2005a）のこれらの成果は、段落数や表現といった文章の形式面に着目しつつ、それらを、論理展開を把握するための構成要素と関連づけることにより、日本語の非母語話者である学習者の論文の読解と作成に有用な材料を提供できるものであると考えられる。

　同様に、木本（2006）は、Swales（1990）のジャンル分析のアプローチにより、法学系論文135編の序論の文章構造を分析した。その結果、「研究領域の提示」「研究の必要性の提示」「その論文についての説明」という3つのムー

ブと呼ばれる構成要素、およびその下位の 13 のステップから構成され、各構成要素がこの順で配置されやすいことを明らかにした。さらに、この配列は、先行研究にある工学や農学等の他分野においても見られる特徴であることを示す一方で、研究の必要性の提示や先行研究概観が見られないケースも多く存在することを、具体例に即して明らかにした。

　これは、法学という特定分野の文章構造の分析だけでなく、法学分野の中での異同、さらには他分野との共通項の探求といった視点を提示していた点が評価される。

　さらに、大島（2009c）は、社会科学系論文 20 編（『日本経営学会誌』と『アジア研究』から各 10 編）の論証部分を取り上げ、Swales（1990）の枠組みを用いてムーブ分析を行った。その結果、構成要素として「事実記述」、「引用」、「取り上げ」、「評価的描写」、「推論・解釈」の 5 要素に分類した上で、これらの特徴として、ことがらに対する書き手の評価が研究の重要な部分を占めることから、従来、書き手による評価の表現が主観的として避けるようライティング教材等で指導されてきた点を、目ざす専門分野によっては評価を適切に示す訓練が必要であるとの結論を導き出している。

　上記の先行研究に加えて、佐藤他（2013）は、人文科学、社会科学、および工学の 270 編の日本語で書かれた論文を対象に、論文の本論部分を中心に構成要素（例：研究方法の説明、結果の提示）を認定し、論文の構造型とその分布を詳細に分析した。工学領域に特に優勢な《実験／調査型》の他、《理論型》が認められ、人文・社会科学領域には、《資料分析型》が存在し、その構造型の分布は分野でかなり異なることを実証的に示した。この研究は、専門分野による差異だけではなく、分野での「定番のテンプレート」（p. 96）が必ずしも存在するわけではないことを示唆し、また、研究手法による多様な論理展開を示す構造型の存在を量的に示した意義が認められる。

　以上のように、実際の種々の専門分野の学術論文を対象として、文章の構成や論理展開、そこで見られる重要な表現について詳細な調査分析が行われてきた。このような分野別の学術論文の文章構造等の研究が進むことによって、それぞれの特徴を示す相違点、および分野を越えた共通点が徐々に明ら

かにされてきたと考えられる。それらの知見は、従来の日本語教育にはほとんど存在しなかった視点に基づくもので、まさに専門日本語教育に資するものであると言える。

なお、昨今、専門分野においては学術論文を英語で書く傾向が強まっているが、研究のテーマや論文の読者によっては、日本語で論文を書く重要性が指摘できる。現在、自然科学分野等の国や地域を問わない研究対象を扱う場合には英語という使用言語が優位であり、成果発表の学術雑誌も英語で編集される現状があることはよく知られている。一方で、「地域性」や「現場性」（村岡他 2003）を重視した研究テーマを扱う場合や、研究者以外の日本における行政関係者や企業関係者も読者に含まれる場合には、日本語での論文執筆も依然として重要である。

さらに、大学院レベルの学習者は、日本での学位取得に必要な論文のみならず、その論文の提出という最終段階に至る以前に、各種の研究計画書や報告書、実験レポート等の多くの学術的な文章の執筆を求められ、それらは日本語で作成することも少なくない。本書で主張する「論文スキーマ」は、研究活動自体を俯瞰的に見ることができる巨視的あるいはメタ的な視野を必要とすることから、学術論文にのみ通用するものというより、論文以外の学術的な文章にも必要とされるという前提で、日本の大学院で研究活動を行う学習者にとって有用なものであると考えられる。

3.7 本章のまとめ

以上、「専門日本語」と「専門日本語教育」をめぐる解釈について、先行研究を引用しつつ考察し、次に、専門日本語教育の観点からの、特に論文作成支援を目的とする文章や文体に関する先行研究を概観した上で、本研究の位置づけをはかった。

「専門日本語」は、当初、学術的な場面での狭義の専門分野別日本語の研究から、職業場面での専門日本語の研究まで、研究範囲が広がり、方法論も多様になってきた。特に 1990 年代頃から次第に盛んに行われるようになっ

た、専門書や学術論文の「専門日本語」の傾向としては、いわゆる専門用語等の「内容語」より、接続表現や助詞相当句のような「機能語」の研究、および品詞別の語彙研究が比較的多く行われてきたと言える。また、理工・農学系や社会科学系の実際の学術論文を対象とした文章の構成や論理展開の分析も徐々に行われるようになり、表現のレベルを越えた、文章のよりマクロな視点からの教育や学習支援を可能にする知見が提供されてきたと評価できる。

また、「専門日本語教育」については、そのコースデザインの前提として、学習者は特定のニーズを有していることから、日本語学習の目的は、学習者が明確に持っているものと考えられる。したがって、「専門日本語教育」は、学習者自身や、関与する多くの人的リソースの活用も必要な、「固有の現場」に特化した日本語の教育であると言える。

加えて、本論文における専門日本語ライティング教育に関与できる教師は、論文スキーマを有しておく必要があることも、当該教育の前提として指摘しておきたい。それは、物理学や経済学といった特定の専門分野の内容に精通しているという意味ではなく、当該教師自身が、大学院レベルの研究を行う上で必要なライティング活動を日本語で行えるスキルを有するということである。こうした学術活動を日本語で行えるスキルを有している教師こそが専門日本語教育に従事することが可能であるということも、コースデザインにおいて重要な点であると言える。

第4章　大学院レベルの日本語学習者が作成した文章の表現・語彙に関する問題分析

　大学院レベルの学習者を対象とした論文作成支援のためには、第3章で示したような、目標となる学術論文の表現等、論文で用いられる日本語の使用傾向を把握するだけでなく、当該学習者が作成した文章上の問題点についても明らかにしておく必要がある。

　これまでも、因他（2006）や村岡他（2007：2008）、および関連の先行研究において、学習者が作成した文章に対する分析から、専門日本語ライティング教育への示唆や知見が提供されてきた。それらの先行研究の多くにおいては、個々の文法や表現の誤用だけではなく、文章の構成や論理展開の不備の方がむしろ深刻な問題であると主張されている。

　第4章と第5章においては、上記の知見をふまえた上で、学習者が作成した文章のデータを用いて、以下の通り2つの分析を行う。

　まず、第4章では、専門日本語ライティング教育の観点から、表現上の問題について、構成や論理展開の問題と関連付けて把握する。その上で、従来あまり論じられていなかった指導上の新たな視点を提示する。

　次の第5章では、文法や表現等のミクロな問題ではなく、構成や論理展開といった、文章を構築するマクロな問題を取り上げてその分類を試みる。次に、それらの文章を質的に分析し、教育実践へのフィードバックに関して議論を行うこととする。

4.1　専門日本語ライティングのための表現指導の問題

　本節では、専門日本語ライティングのための表現指導について、次に示す3つの観点に分けて、学習者が作成した文章の一部（後述）を例示しながら、

第 4 章　大学院レベルの日本語学習者が作成した文章の表現・語彙に関する問題分析

問題を論じることとする。

（1）　文章ジャンルによる語彙選択
（2）　文章の論理展開にかかわる表現
（3）　教育・学習リソースの選択

　上記 3 つの観点について以下に説明を加える。
　まず、(1)「文章ジャンルによる語彙選択」は、専門日本語ライティングの教育のためには避けて通れない重要な学習事項である。一般に、日本語の初級あるいは中級レベルの能力を有する学習者は、サバイバルのための話しことばを中心とした教育を優先的に受けてきた結果、必ずしも文章ジャンルに応じた文章語の習得が十分には行われていない。そのことを表す事例を提示し、表現の選択の重要性を指摘する。
　次に、「文章の論理展開にかかわる表現」については、接続表現をはじめとして、論理展開に深く関与する表現の問題を明らかにし、種々の表現を個別に教育するのではなく、それらをまとめて扱う重要性に言及する。
　さらに、「教育・学習リソースの選択」については、以上のような観点をふまえた専門日本語ライティング教育を充実させるために必要なリソースについて論じる。

4.1.1　調査対象とする文章

　対象とした文章は、第 2 章で示したように、2008 年 4 月から 7 月までの間に、日本の某大学における大学院レベルの日本語学習者 11 名を対象としたライティング授業で課された 7 テーマのもので、合計 77 の文章である。テーマは、市販教材『大学・大学院留学生の日本語　②作文編』（アカデミック・ジャパニーズ研究会編著 2001）に掲載されている課題のもので、専門分野についての説明や、母国の有名な人物の紹介、あるいは高齢化社会やインターネットの問題等についての議論等、多岐にわたっている。この課題は基本的に 400〜600 字程度の 3 段落構成を中心とした、各段落の内容の枠組み（例：

4.1 専門日本語ライティングのための表現指導の問題

問題点の指摘、意見等）が示されたものである。

当該学習者11名には、教育・研究上の資料としてプライバシーの保護に留意してデータを扱う旨、十分に説明し、書面での許可を得てある。

4.1.2　文章ジャンルによる表現の選択

　学習・研究活動で求められるライティングの能力は、自然習得が不可能であるため、村岡他（2009）等が指摘するように、意識的なトレーニングが必要である。特に大学院レベルにおいては、高校までの学校教育における文章表現の学習や作文、大学学部におけるレポートや卒業論文を作成した経験の有無、およびその過程における教師からの指導の内容や方法といった、学習者個々人が有する背景が一層多様であると考えられる。そのため、大学院レベルの学習者を対象にライティング授業を担当する教師も学習者も、それぞれ教育と学習にあたって、次に示すように、意識化すべき点が種々存在する。

　まず、非常に基本的なこととして、日本語の教師も学習者も、いわゆる話しことばと書きことばの語彙において、少なからず差異が存在することを十分に理解し、かつ、書きことばの文章ジャンルによって語彙が異なることに対しても、理解が必要である。

　その上で、本研究におけるジャンルとは、一定の目的や、読者、文体といった要因により、異なる特徴を有すると認められる文章のグループをそれぞれ示すこととする。換言すれば、各々のジャンル内における文章は、その書式や構成等のルール、表現や表記等の点で、一定の類似性が観察されると想定できるものとする。なお、本研究における文体とは、第3章においても言及したように、村岡（1996b, p.264）に従い、「全ての文章が有するもので、書き手の表現したい内容を目的と状況に応じて効果的に伝達するための表現形式」と考える。

　例えば、レポートや論文を一つのジャンルとすれば、それは、新聞記事、あるいは企画書、さらには小説等との差異が考えられる。紙面の制約や文章構成、論理展開といった、文章の枠組みに関する約束事も、また、場面、話題、受信者情報等も、各々のジャンルでの語彙に少なからぬ影響を及ぼす要

第4章　大学院レベルの日本語学習者が作成した文章の表現・語彙に関する問題分析

因となる。成人の母語話者であれば、上記のようなさまざまな文章を大量に読んできた経験を通じて、瞬時に各々の文章ジャンルの違いが認識可能な場合であっても、日本語学習者にとってはそのような認識は一般に困難である。認識自体が困難であるため、適切な表現を用いての文章の作成もかなり困難な作業であると言える。

しかも、本研究で対象としている大学院レベルの学習者は、各自が専門分野を有し、大学院での学習・研究活動における学術的なレポートや論文を作成するという特定のニーズを持っている。それらの文章ジャンルの語彙や文体と、学習・研究活動以外の文章ジャンルのそれらとの差異を、限られた期間内に効果的に学ぶ必要がある。つまり、学術的か日常的か、専門分野か非専門分野かによって、学習者各自が必要とする文章が異なる。なお、実験系か理論系か等といった研究手法によっても学術論文の書き方は異なるであろうが、ここでは扱わない。本章では、文章ジャンルへの基本的認識の重要性について言及し、学習者の産出した文や文章の問題を文章ジャンルの観点から分析する。

以下では、実際に、学習者がその学習途上において、明らかにジャンルの異なる表現を文章語として用いるケースを具体的に取り上げて問題を分析することとする。4.1.1で示したデータ、すなわち、日本語学習者が作成した文章の一部を抜粋して問題の事例分析を行う。

以下には、まず3例の文を抽出して示す。

（1）　それは、いろんな問題がある。
（2）　生化学的な薬の生産はたくさん癌患者に新しい希望をあげる。
（3）　技術は先発、多くの巧妙な教授、および研究資金はたくさんある。

（1）から（3）の文の生成の背景には、先述したように、彼らの日本語学習経験で得た語彙の影響が存在する。通常、日本語の初級レベルでまず話しことばの語彙を学んだ学習者は、中級レベル以上の読解等で書きことばの語彙を学ぶ際に困難を伴う。上記の3文は、音声言語で用いられる話しことばが、

4.1 専門日本語ライティングのための表現指導の問題

文体不整合の原因を作っている。

(1)の「いろんな」は特に日常的な場面において音声により伝達される話しことばではよく用いられるが、レポートや論文の文体としては不適切である。これに代わり、「さまざまな」や、理系では「種々の」といった表現が使用される。また、動詞の「ある」を使わず、「それはさまざまな問題を<u>有する</u>」といった、より硬質な文体的特徴を持つ表現方法も考えられる。

(2)においては、「生化学」や「癌患者」といった専門領域の話題について記述されているものの、それらに適さない「たくさん」や「あげる」といった表現が用いられている。この文は、表現したい内容は伝わるが、「多くの」や「与える」等の表現をまだ習得していない学習者の記述であることが推測される。

このような大学院レベルの学習者は、知的レベルでは専門領域の概念を一定以上獲得してはいるが、それを的確な文体的特徴を有する文章語として表現する際に、(2)のように語彙が不足している段階を経験する。書き手の意図は理解可能であるが、文体は当該のジャンルに適していないと判断されるものである。

(3)は、同様に大学院レベルの学習者が、日本のある大学院への留学を決意した理由として、「技術が先進的であり、優れた教授が多く、研究資金も豊富である」といった研究環境を説明した文である。「巧妙」のように、文意は一定程度伝わっても、厳密には不適切な表現も含まれており、「たくさんある」も、文体的に適切とは言えない。「技術は先発」や名詞(句)同士を結ぶ「および」の使用法等、文法的な問題も含まれているが、むしろ、表現選択の適切さが、アカデミックな文章にそぐわない印象を与えるものである。なお、この(3)を作成した学習者は漢字を比較的多用しているが、非漢字系学習者であり、(3)には、辞書から自身で選択した表現を用いている。後述するように、漢字語彙における文体的特徴は、辞書の記述のみでは把握が困難なものの一つである。

学習者における困難点は、文章ジャンルを支える要因の一つとして、語の文体的特徴、および専門日本語ライティングの場合には特に必要な、曖昧さ

第4章　大学院レベルの日本語学習者が作成した文章の表現・語彙に関する問題分析

を排除し一義性を強く求める傾向も関与していると考えられる。一義性を求める傾向は、仁科（1997b）も論文「日本語教育における専門用語の扱い」で引用しているように、宮島（1981）が指摘した専門用語の特徴のいくつかにも通ずる。すなわち、(1)多義語をきらう、(2)類義語をきらう、(3)意味が文脈に左右されない、という3点である。

　ジャンルに適した文体的特徴および一義性を求める表現は、辞書の記述から最適の選択肢が容易に発見できるものではない。辞書の限られた紙面における最小限の簡潔な説明、および複数の短い例文から、学習者が自分の文脈に応じた最適の表現を選び取ることは、そこに英語等の日本語以外の言語での説明が介在する場合においてさえ、かなり困難な場合がある。筆者の教育実践の経験からも、学習者は文章作成の際に、一般に、電子辞書やインターネット上の各種ソフトウェアを活用しながら、複数ある語の選択肢からどれを選択するべきかを迷い、しばしば苦慮している様子が散見される。一般の電子辞書等の辞書は重要なツールであるが、限界もあることから、後述するコーパスの継続的な利用により最適な表現の獲得が求められると言える。

　また、学習目的が日本語による論文作成等、アカデミックな文章の作成であれば、抽象的な概念を示す漢字熟語を含む語彙の獲得は必須のものである。特に、非漢字系学習者にとっては、漢字熟語や、漢字熟語を含む語と語との結びつきであるコロケーションは、意識的に学ばなければ獲得できるものではない。このように、文章ジャンルによる使用語彙の差異に対する認識は、教育の目的や内容・方法、および教材開発全般に影響を及ぼす視点であると考えられる。

　なお、母語教育の場合も含め、学習者の学習経験といった背景も上記の問題にかかわることが推測される。その詳細は、今後の研究を待つ他はないが、学習背景を、母語や他の外国語ではなく日本語の学習の場合に限っただけでも、いくつかの疑問が生じる。例えば、母国であらゆるジャンルの文章を教養的に読み日本語を学んできた学習者は、各々の文体的特徴をどの程度認識できているか。また、日本語による文章作成経験の観点からは、日記や随筆的な作文、平易な意見文のみを作成した経験を持つ学習者は、レポートや論

4.1 専門日本語ライティングのための表現指導の問題

文といった専門的な文章を、当初からどの程度日本語で適切に書くことが可能であるか。さらには、母国等での日本語学習の際に、そもそも日本語の文章を作成して指導を受けた経験がどの程度存在し、それが来日後の日本語文章作成経験にどのように影響するのか、といった疑問も存在する。

以上に示したように、文章作成に必要な語彙や、適切な文体の習得過程について、すなわち、文章ジャンルを正確に区別した上で、目的に合致した文章を適切な語彙を用いて作成できるまでの過程については、未だ不明な点が多い。今後は、学習者の作成した文章のミクロな分析のみならず、学習者の学習背景にも及ぶ種々の広い視野からの研究が求められると言える。

4.1.3 文章の論理展開にかかわる表現

ここでは、専門日本語ライティングで特に重要な論理展開の機能を担う表現に特化して議論する。これらの表現は、「機能語」として重要な役割を果たすものである。「機能語」は、第3章の3.3「『専門日本語』に関する先行研究の概観」においても言及したように、接続表現、助詞相当語、モダリティー表現等のように、内容語である名詞や動詞、あるいは文以上の表現や構成に対して、文法的な機能を果たすものである。

一般に日本語の初級レベルにおいて「だから」、「それで」、「それに」、「のに」等の接続詞や接続助詞（以下、両者を合わせて「接続表現」と呼ぶ）を学んだ学習者は、中級レベル以上の読解やライティングにおいて「そのため」や「したがって」、「さらに」や「しかも」、あるいは「にもかかわらず」といった文体的特徴のかなり異なる語彙を学習する。このような接続表現は、必要に応じて前件と後件との論理的関係を適切に示す目的で使用されるため、ライティングの学習には極めて重要なものと位置づけられる。

以下に学習者の文章例を示す。下線は筆者によるが、(6)は引用した本文中にも下線が示されていたものである。

(4) （前略）バドミントンを通じて、十代のRは国民の目を奪った。Rは19歳の時にD（地域）のもっとも若い勝者になった。すなわち、

第 4 章　大学院レベルの日本語学習者が作成した文章の表現・語彙に関する問題分析

彼は独特の才能のためDで7回優勝した中で6回は連続して優勝した。(中略) さらに、彼は1967年にE (国名) のチームとTカップで4回優勝した。それは、1970年、1973年、1976年、および1979年であった。そのため、1982年に彼はギネスブックに名前が掲載された。<u>つまり</u>、E (機関) は彼をE (国名) の駐在大使にえらんだ。

　以上のことから、Rはこれまで、E (国名) の結束および名誉のシンボルになっている。彼はE (国名) および世界のバドミントン界に対し立派な貢献をした。これは若者の成功の一例であろう。

(5)　専門についての興味は省エネルギー計画である。ここ数年、地球上の資源は日々減少する。これまで、減少は依然として続くし、省エネルギーは最も重要なものである。<u>したがって</u>、これを勉強したいことである。

(6)　X (先行研究) によると、AとBには、＊＊＊という共通性がある。それでは、AとBには相違点はないのであろうか。<u>そこで</u>本節では、AとBの×××に異なりがあると考え、両者の比較をすることにする。

(因他 2007, p. 56)

　(4)は、書き手の母国における著名な人物の功績について書かれたものの一部である。この文章作成課題には、書き手自身の個人的な感想や評価は交えずに、可能な限り客観的な記述を目ざして書くように指示されていた。

　(4)における「つまり」の選択は、その前にある「彼」の功績が大使任命の背景になったという主旨の論理的関係を表示することに失敗している。読み手は「つまり」の存在から、「つまり」以前の内容に鑑みて、それ以後の展開を予想する。すなわち、前件の「ギネスブックに載る」ことになった背景となる功績について、他の表現で換言した文が出現することを予想する。しかし、実際には、「ギネスブックに載る」ことの換言とは認められない、「駐在大使への抜擢」という別の事実の記述が続いている。このことから、(4)

4.1 専門日本語ライティングのための表現指導の問題

は論理展開上の混乱を生じさせる結果を生んでいる。

さらに説明を加えると、書き手が示したかった論理展開は、ギネスブックに載るといった、スポーツを通じた顕著な功績を称えた上で、今後の国際的な活躍を期待して、任命者が駐在大使として彼を選んだ、という流れであった。したがって、「つまり」の前件と後件をつなぐための、さらなる説明が必要であったと言える。

次に、(5)は、学習者の専門分野に関する記述である。使用されている語彙は「減少」「依然として」といったアカデミックな文体を志向したものと言える。しかし、「したがって」が結ぶ後件部分は、前件との論理的関係を示したものではなく、「これを勉強したい」という書き手本人の個人的希望を表現したものであり、不適切である。

(5)のようなアカデミックなトピックの文章で用いられる接続表現は、単に「だから」や「それで」を、文体的特徴が適切な「したがって」に置換すればよいというものではない。「だから」や「それで」等の音声言語で頻繁に用いられる表現は問題なく習得している学習者であっても、学術的な論述の文体的特徴に適した「そのため」、「したがって」、「以上のことから」といった各表現の正確な使い分けは、それらに特化した指導や学習支援を受けなければ、容易には習得することが困難である。さらに、これらはしばしば、段落を越えて議論をまとめたり、結論を導いたりする場合にも用いられることから、各々の文体的特徴に加え、文章における論理的関係性を十分に把握した上で使用する必要がある。これは、筆者の実際の教育経験からも、一般に習得に時間がかかるように観察される。

また、(5)の第3文にある「～し」は、「～ため」等の理由や根拠を明示する表現に代替されれば、後件との関係が正確に示せるものである。原因や理由か、あるいは逆接的な関係か、さらには仮定条件なのか、といった前件と後件との関係は、必要に応じて接続表現によって明示する必要がある。どの表現もあいまいさを好まず、厳密に用いられるものであり、運用の際には用法への十分な理解が求められる。

加えて、本来、学習者が、母語においても文章での明快な論理展開の把握

第4章　大学院レベルの日本語学習者が作成した文章の表現・語彙に関する問題分析

と表示が困難な場合には、日本語でも同様の問題が起こりがちであると推測される。そのため、表現の学習以前に、専門日本語ライティングの学習が円滑に行われるような、学術的な目的のための基礎トレーニングとでも言うべき一定の課題が継続的に課される必要があると考えられる。文章全体における首尾一貫性の維持、個々の論理展開、および他者の意見か自分の意見かの区別等は、単に語彙や文法による日本語運用自体のレベルの問題とは言えないためである。

　さらに、(6)の学習者は、教員から「根拠を述べた後に『そこで』を用いて、その研究で何を行うべきかの判断、何をすることにしたかの決定を述べる」という趣旨の説明も受けていた（因他 2006, p. 57）。」しかし、「『A と B との相違点を検討』するならば、相違点があると想定する客観的根拠とそれを検討する必要性とを述べて自分の決定を合理化しなければならないということを理解するには至らなかった（因他 2006, p. 57）」ものである。

　「そこで」は、一般に学術論文の序論部の後半において典型的に用いられる接続表現である[15]。当該学習者が、上記のように序論の末尾の文に用いるといった表層的な知識しか持ち合わせていなければ、本来の論理的整合性を意識した上で「そこで」を使用しているとは言えず、(6)のような不適切な表現を含む文章を作成してしまう結果となる。

　上記の3つの事例で示したように、アカデミックな文章にはふさわしい文体的特徴を有する表現が適切に用いられる必要があるだけでなく、文脈の正確な把握が不可欠であることがわかる。文脈の正確な把握のためには、論理展開を示す機能語の習得は重要なものである。また、その習得が不十分なために適切な運用に成功しなかった場合の論理の破綻は、論文やレポートでは重大な問題を生じさせるものとなる。

　以上の通り、機能語は重要な機能を果たすが、なくても論理が問題なく展

---

15) 村岡他（2004b, pp. 44-45）では、農学・工学系論文90編を対象とした調査分析から、それぞれの序論部において、「そこで、本研究では」といった表現の組み合わせにより、序論部の末尾に位置して論文の概要紹介を行うといったパターン化が見られることを示している。

開される場合には必須とは言えない。接続表現の「過剰な」使用は、かえって文体を損ないかねないことも付記しておきたい。第7章で、学習者の発話データに基づいた事例分析の際に言及するように、学習者の一部は、接続表現は使えば使うほど論理的で適切な文章が完成するといった、極めて単純化した信念を持っていることがある。個々の表現の意味用法の理解と運用に関する学習を通じて、こうした信念が形成されている場合には、機能語の適切な使用法の習得を妨げることになる。こうした学習者の問題については、第6章と第7章において、論文や研究に関する概念知識の総体としてのスキーマに関連して具体的な事例をもとに詳述する。

さらに、意見か事実か、また書き手のオリジナルな意見か引用か、といった文末表現をはじめとする書き手の認識的態度を示す機能語も、論理展開にかかわる非常に重要な学習項目である。これについては、第5章においてさらに学習者の文章例を示して詳しく分析を行う。

4.1.4 教育・学習リソースの再考

これまでの議論をもとに、専門日本語ライティング教育に必要なあらゆる資源、すなわち教育現場および課外も含めた学習活動に有用なリソースについて再考する。

先述したように、まず、ライティング教育にかかわる教師自身は、表現および文体の観点から、文章ジャンルの差異を十分に認識できることが求められる。その上で、リソースには、大学院レベルの学習者が最も必要とするジャンルの適切な文章が厳選されて活用されることが望ましいと言える。

また、そういったリソースの有効活用のためには、教師のみが準備するのではなく、学習者も、自身の専門領域の教員や先輩に対して論文等の文章語リソースの推薦を依頼することも、継続的な学習上、ストラテジーとしても効果的であると考えられる。

その際、学習者が母国の大学等、日本以外の環境で学ぶ場合も想定すれば、国や地域を越えて関連リソースの共有、あるいはそういったリソースの考え方や運用方法自体について、関係者の共通理解が求められる。

さらに、表現は単独ではなく、それらが使用される文章ジャンルの各文脈の中で指導されることが重要である。先には機能語の例を示したが、内容語では、「推進」と「促進」、あるいは「発展」、「発達」、「進展」等の類似の表現が多数あるケースも存在する。各々どれを使用しても、大きな意味の差異がない場合もあるが、一般には、各語が文脈上どのような語と結びつくかによって選択される。これらは、学習者が具体的な文脈の中でそれを選択する理由を明確に意識した上で使用できるようにする必要がある。特に、各種熟語を含めた漢字語彙の重要性は、教師も学習者も双方が十分に認識しておくことが求められる。

　そういった教師にも学習者にも有用な方策の一つとして、ジャンル別に豊富な使用例を収集し、コーパス化しておくことが考えられる。

　村岡他（2005a）[16]で活用したコーパスの他にも、村岡他（2004b）は、理系分野の論文で典型的に用いられる接続表現を含む文章をコーパス化して使用状況を分析し、そこで得た知見を専門日本語教育に活用できることを示唆している。

　また、大規模コーパスとしては、国立国語研究所が、文部科学省科学研究費補助金特定領域研究を得て、2005年から5年間かけて1億語規模の『現代日本語書き言葉均衡コーパス』（BCCWJ）を構築し、現在は同研究所のコーパス開発センターがウェブサイト上（http://www.ninjal.ac.jp/corpus_center/bccwj/）（2014.7.7最終検索）において同コーパスを公開している。これは、新聞、雑誌、白書、教科書等、多様な文章ジャンルのテキストを集めたコーパスである。

　コーパスは研究においても、個々の表現の意味用法や文法のためだけでなく、ライティング教育およびライティングの自律的学習においても、リソースとして、活用に大きな可能性を有するものである。表現が用いられやすい

---

16) 村岡他（2005a）では、第3章で言及したように、農学系・工学系分野の複数の領域における学術雑誌に掲載された論文180編の「緒言」の文章から、専門分野の違いを越えて共通する典型的な論理構成や段落数、表現を、構成要素の観点から抽出した。

一定以上の文脈を枠組みとした使用例を抽出して学習者が観察できる材料として提示する方法は、語彙教育の適切なリソース活用法である。十分な使用例の提示こそ、辞書の簡潔な説明の記述のみでは得られない、意味・用法に対する正確な理解、および文章作成時の適切な使用を促すものであると考えられる。

　後述するように、文章中の重要な名詞と重要な名詞あるいは動詞を結びつける機能語の役割は重要である。機能語に着目することにより、文章の主旨を明確に把握することができ、かつ、個々の文脈における論理展開の正確な把握が容易となる。

　特に論理展開にかかわる機能語の場合には、適切な例と不適切な例を比較する学習課題を通して、学習者に各表現の文体的特徴や使用法自体を検討させ、集中的に機能語語彙としてまとめて学習させることも考えられる。これは、作例等の単文の中だけではなく、実際の複数の文によって構成された文脈の中で、論理展開にかかわる機能語の使われ方を学ぶことが有意義であると考えられるためである。特にレポートや論文等の文章作成法を学ぶ大学院レベルの日本語学習者には、関連の機能語をまとめて整理しながら学ぶ方法は、有用であると期待される。なお、適切な例と不適切な例の両方を提示して比較するタスクは、因他（2006, p.59）においてもその考え方の有効性が示されている。

4.2　文章の構成や論理展開にかかわる表現指導の課題

　冒頭に述べた専門日本語教育の観点から、専門日本語ライティングにおける表現指導の課題はまだ多く存在していると考えられる。

　先行研究では、学術的分野の文章における論理的な表現の解明を目ざして、論文や専門書の語彙および文章について比較的多く研究が行われてきた。この次の段階として、教育実践および学習者のライティングの実態についても、さらに研究が進められる必要がある。

　例えば、教師による添削をはじめとする学習者へのフィードバック、ライ

ティングの評価にかかわる課題は多く残されていると考えられる。添削上の表現の選択は、個々の教師の言語感覚で判断が異なることも想定される。学習者側も、漢字圏、非漢字圏といった当該学習者の漢字語彙力の背景の違いによっても、配慮が必要なことも考えられる。

　また、学習者の語彙の習得とライティングでの語彙使用、また推敲作業とその過程についても興味深い問題を含んでいる。学習者の個々の推敲作業の過程を観察することにより、文章の論理展開の把握や情報の峻別（例：事実か書き手の意見か）の中で表現をどのように選択し、正確に運用できるようになっていくかの過程が徐々に明らかになってくるものと期待される。そういった推敲作業を、学習者の推敲における種々の判断や意識とともに、ライティング学習全体の過程に位置付けて観察や分析を行っていくことが重要であると考える。これらは教育・学習リソースの開発とともに、ライティング教育を担う教師の養成においても重要な視点を提供するものと考えられる。

4.3　本章のまとめ

　本章では、専門日本語ライティング教育の観点から、大学院レベルの学習者が作成した実際の文章例を例とし、そこに見られる表現上の問題を、文章ジャンルによる表現の選択、および文章の論理展開にかかわる表現に分けて分析した。この分析は、個々の表現を文章の構成や論理展開の問題と関連付けて行ったものである。

　その分析結果をもとに、表現指導上の新たな視点として、コーパスの一層の活用を含めた教育・学習リソースの再考について論じ、さらに、専門日本語ライティングの授業と担当する教師による学習者文章の推敲やフィードバックについても言及し、今後の課題としてまとめた。

第5章 大学院レベルの日本語学習者の文章における構成と論理展開に関する問題分析

　第4章においては、専門日本語ライティング教育にかかわる問題として、特に大学院レベルの日本語学習者が作成した文章における表現についての問題を取り上げ、学習者の在学段階や背景をも視野に入れつつ、文章の論理展開や構成の視点を導入して指導的観点から分析した。その上で、必要な教育・学習リソースについて論じ、今後の課題に言及した。

　第5章においては、大学院レベルの日本語学習者が作成した文章における、論理展開や構成自体の問題に特化して、よりマクロな観点からそれらの分類を行う。さらに、具体的な文章例を順に示しつつ、学習者の文章における問題を質的に分析して明らかにし、その原因や背景の追究を試みる。

　以下、第5章での議論に関連する主要な先行研究を概観し、学習者の文章における、文章構成や論理展開の問題に着目する重要性を指摘する。

5.1　学習者の文章の問題点に関する研究の概観

　ここでは、対象留学生が大学院レベルのみならず、学部レベルの場合に言及した研究も含め、本研究に有用な示唆を提供すると考えられる、専門日本語ライティングの問題を論じた研究を概観する。研究の概観に際しては、在学段階が大学院レベルに特化される問題か否かについても議論を行う。具体的には、学部段階でレポートを作成する学習者の問題と、一般的には卒業論文を執筆して学部を卒業した、研究生を含む大学院レベルの学習者の問題との質的な違いの有無について、その背景も含めて議論を行う。

　まず、木戸（2006）は、大学学部の中上級日本語学習者のレポートを例として、事実の報告か意見かの区別の観点から、「客観的表現」の添削が重要

第 5 章　大学院レベルの日本語学習者の文章における構成と論理展開に関する問題分析

であることを指摘した。この問題は、文末のモダリティー表現にも顕著に示されるが、一方で、形容詞の使用による不適切な主観性が示される場合も存在する。

　表現の客観性は、レポートのみならず、論文においても同様に重要な要素である。一般的に、使用言語は異なっても学部の卒業論文を執筆した経験がある大学院レベルの学習者であれば、事実か意見かの峻別の重要性は認識できていることが前提である。ただし、大学院レベルであって、そういった表現したい内容の質を判断できていたとしても、第 4 章で例示したように、それを日本語で表出する際に日本語能力が高くなく語彙が不足しているために適切な表現の選択が困難な場合があることも推測される。

　次に、山本（2004）は、学部留学生のレポートで「資料の引用か、学生自身の意見かわからない」（p. 288）剽窃の恐れがある問題を指摘した。同様に、二通（2006）も、学部の留学生や日本人学生のレポートに、「参考文献やインターネットから得た情報をそのまま写したような文章が少なくなかった」（p. 100）という剽窃の問題に言及している。

　このような剽窃と引用手続きにかかわる問題に関して、佐藤（彰）（2007a）は、質問票による 244 例の調査結果から、対象となった「日本人大学生のほとんどは大学入学以前に剽窃について学んだことがなく、剽窃に関する正確な知識に欠け、さらに剽窃に関して寛容である」（p. 51）ことを明らかにした。このような問題は、日本語母語話者か否かを問わず、本来であれば、学部の卒業論文執筆時に執筆者の倫理遵守の問題として、教育を受けていることが想定される。しかしながら、そういった教育を受けていないか、学術的なレポートあるいは卒業論文等の執筆経験をほとんど有しないケースは、大学院レベルでも存在する。大学院進学前の学習経験が、日本語能力の高低にかかわらず、文章執筆の前提となる倫理やマナーに影響するものと言える。

　上記の問題に加え、以下ではさらに、文章の構成や論理展開にかかわる問題を扱った関連の先行研究を続けて概観する。

　二通（2001）は、日本人学生、中国人日本語学習者および韓国人日本語学習者の意見文の文章構造を分析した結果、段落分けがない文章や、過剰に段

5.1 学習者の文章の問題点に関する研究の概観

落分けされている文章の例を示し、論理展開上の問題について論じた。二通(2001)の指摘は、筆者も自身の教育実践において同様の問題に遭遇することがある。大学院レベルの学習者の事例においても、後述するように、段落分けがない文章は、個々の内容を持つ「部分」がまとまって結論に収斂すべき構成が、全く意識されていないケースであると言える。また、過剰に段落分けされている文章は、部分と部分の関係性に対する認識が不十分であるか、そういった文章の構成自体を十分に意識していない書き手によるものであると考えられる。

村岡(2007b)も、中級程度の日本語能力を有する大学院レベルの学習者の文章例から、段落内のトピックの分散や、複数段落における同趣旨の重複、根拠の乏しい主観的な結論等、文章の構成や論理展開上の問題を予備調査として分析している。このような問題は、読み手が当該文章の主旨を適切に把握することを阻害するものであり、そういった文章は、読み手への配慮を欠くものであると言える。

二通(2001)や村岡(2007b)が指摘した問題は、文章の形式的な段落の問題に加え、文章全体の議論が一貫して結論に至るまで、本来の主旨に収斂していかない問題につながる。このような問題は、専門日本語ライティングの観点からは、文法や表記といった、言わば表層的で局所的な誤用の問題と比較すると明らかなように、極めて深刻なものである。レポートや論文においては、例えば序論での問題提起に対して結論が適切に応えられていないといった事例は、首尾一貫性の欠如という深刻な問題を抱えたものと判断され、決して看過できるものではなく、当該のレポートや論文に対する低い評価を招く結果になるものと言える。

昨今は、二通他(2009)(『留学生と日本人学生のためのレポート・論文表現ハンドブック』(東京大学出版会))等の有用な表現集も開発されている。この表現集では、多様な専門分野の論文の表現や文型が、論文を構成する各セクション(例:先行研究の提示、方法、結果の説明)と関連づけられて豊富な例とともに示されている。そのような教材に示されている表現を参照して適切な文章を書くためには、第6章と第7章で詳述する論文スキーマを獲得しておく必

第5章　大学院レベルの日本語学習者の文章における構成と論理展開に関する問題分析

要がある。しかし実際には、それが獲得できていない学習者の場合、上記のような教材を必ずしも有効には活用できないという問題が存在する。つまり、論文や研究とは何かといった概念知識であるスキーマが身についていない学習者には、そのスキーマを形成させることが先決である。因他（2008：2009）においては、上記教材が実際に有効に機能すると期待される学習者と、そうではない学習者の両方が存在するという現状が指摘されている。

なお、本来であれば、大学院レベルのように高度な専門分野の研究を行う段階になれば、日本語学習者が所属する専門分野の指導教員の責任が大きいという考え方も存在する。一方で、大学院入学前の研究生であれば、日本語を学習しながらその過程において、専門日本語ライティングが教育できる日本語の教員、すなわち、自身も研究に取り組みスキーマを有する教師がライティング教育を担当することが可能である。

以上のことから、専門日本語ライティングが必要な学習者に対して、以下のような問題点が抽出でき、これらへの指導が求められていることがわかる。

(1) ジャンルに応じた文章表現の適切性の判断が不十分である。
(2) 引用の手続きおよび剽窃に関する正確な知識と日本語による適切な表示の能力が不足している。
(3) 段落と論理展開、および文章構成が適切に行えない。

上記の3点は、本来、書き手が資料やデータを集め、それらをテーマにそって独自に再構築していく際の極めて重要な約束事に関わる問題である。これらの約束事を種々の方法により時間をかけて自律的に学んでいく学生もいるであろう。

しかし、上記の問題の背景には、母国での場合も含め、多くは専門日本語ライティングについて、教師からの指導の有無にかかわらず、意識的に学んだ経験がなかったという事情も考えられる。先に引用した佐藤（彰）（2007a）も指摘した「剽窃について寛容である」学生たちは、正確な知識を有していないため、引用か剽窃かの判断が行えず、問題の深刻さを実感していないも

5.1 学習者の文章の問題点に関する研究の概観

のと言える。したがって、専門分野の本格的な研究を始める前の多くの学生には、現在、専門日本語ライティングのための基本的なトレーニングが必要になっていると言える[17]。

その上で、大学院レベルの学習者については、学術論文作成のための知識と技術を学ぶ必要があると考えられる。非母語話者である日本語学習者の、学部卒業までにおける、引用手続きや専門日本語ライティングに関する種々のルールについて学んだ経験は、かなり多様であると推測される。つまり、そういった学習経験の有無には、学習者の出身の国や地域、個人の学習背景等、多様な要因が関係することが考えられる。しかも、そういったルールの運用の際には、それを適切に表示する日本語能力が必要である。

本書では、前頁の(1)と(2)は、(3)ともかかわると考える。つまり、論文スキーマが形成されていない場合には、文章の目的に合致した文章ジャンル、および文章の構造や論理展開のそれぞれに対する適切な判断が困難であるという問題に加え、表現の選択や剽窃の問題も考えられる。このことについて、以下に補足説明を行う。

まず、文章には目的に合致したジャンルを選択する必要がある。文章ジャンルは、例えば、日常的に目にする実用的な各種説明書、新聞や雑誌の報道文、大学での単位取得に必要なレポート、あるいは企業の業務に必要な企画書や報告書といった、それぞれ文体[18]の異なる多様な種類が存在する。それらは各々の書記言語コミュニケーションの目的、それに伴う媒体や読み手が誰かといった条件に適う表現形式や論理構成等におけるパターンが存在する。論文スキーマを有しない、あるいは形成途上の学習者であれば、そういった文章ジャンルの存在やジャンル間の差異が十分には認識できず、したがっ

---

[17] 大島（2003）は、日本での初等教育からの「作文」と、専門分野別の学術論文との間に位置する、レポートや小論文といった「教室ジャンル」（p. 152）の分析が極めて少ない現状を指摘している。

[18] ここでの文体は、第3章と第4章で言及したものと同様に、村岡（1996b, p. 264）にしたがって、「すべての文章が有するもので、書き手の表現したい内容を目的と状況に応じて効果的に伝達するための表現形式」と広く定義する。

て、構成も含めた適切な表現形式の使い分けが行えないという問題を抱えるものと言える。

　また、関連して、表現の問題は、基本的に、語の文体的特徴がアカデミックな文章になじまない話し言葉的表現、稚拙な表現、および表現同士の結びつきといったコロケーションの問題に起因する。そのため、論理構築に問題がなければ、母語話者の支援や辞書の活用によって解決できる可能性が非常に高いものである。例えば、曹・仁科（2006）は中国語母語話者が用いる名詞と形容詞、名詞と形容動詞のコロケーションの問題について詳しく論じ、日本語との対照による、日本語教育への有用な示唆を提示している。誤用を起こす形容詞は初級レベルの属性形容詞に集中し、一方、誤用を起こす形容動詞には、中級レベル以上の漢字形容動詞が多いという結果を示し、漢字圏学習者の場合の正の転移と負の転移の双方の存在にも言及している。このような漢字圏か非漢字圏かといった母語背景の差異も、表現の選択に影響を与えるものである。

　一方、剽窃という行為は、書き手が自身の文章における論理構築の際に、他者の論理により他者が作成した文章あるいはその一部を無断で取り入れるものである。そのことから、その行為は、倫理上の問題が当然存在することに加えて、そもそも剽窃が行われた文章を支える論理自体が破綻する危険性を持つか、書き手が自身の論理構築をほとんど行っていないかの問題が考えられる。つまり、剽窃は、他者の論理で作成された文章かその一部を、他者とは異なる書き手の論理による文章の中に盗用することであるため、記述内容が事実か、書き手自身の意見か、他者の意見かといった、論理構築に重要な区別をなくしてしまう行為であると言える。本来、大学院レベルであれば、このような問題は学部で習得済みであると期待される。すなわち、レポート作成や卒業論文の経験を経ていれば、剽窃とは何かが理解できているはずで

5.1 学習者の文章の問題点に関する研究の概観

あるが、しかし、必ずしもそうではない状況が散見される[19]。そういった問題は、論文の論理構築の問題に及ぶものであることをここで指摘しておきたい。

なお、以上のような剽窃や、文章ジャンル、表現上の問題、それらに深く関連する文章の構造や論理展開にかかわる学習者の問題点については、授業や個別指導を通して、日本語の教師が経験的に蓄積している知見はあると推測されるが、問題点の背景や原因を緻密に分析し、体系的な指導を目指した有用な研究は、これまでのところ見られない。

特に大学院レベルで必要とされる専門的な文章作成を含む専門日本語ライティングでは、文章の構成と論理展開の問題は最も重要度の高いものである。先述したように学習者の問題が散見される状況からも、専門日本語ライティングにおいては、個々の表現の問題だけではなく、よりマクロな視点からの調査研究が急務になっていると言える。

村岡他（2007）が指摘したように、文章の構成と論理展開は、文章の中心的主張・概念とそれを支える主張・概念との関係の具体化と捉えられる。論文には、明らかにすべき研究課題とそれを反映した論文の目的があり、それへの解答を結論で示す過程が存在するものであると言える。その過程には、首尾一貫した議論と主張、および、これらを支える先行研究やデータ、主張が存在し、それらを適切に関連づけて表示する必要がある。文章全体においても、各章あるいは各段落においても、論理の飛躍や破綻は生じさせてはならず、また、そうした問題を含む文章表現は許されない。

したがって、構成と論理展開に見られる問題とは、基本的には、中心的主張に収斂していくべき概念間の構造の認識にかかわっていると言える（村岡

---

[19] すでに複数の大学院研究科等（神戸大学経済学研究科、政策研究大学大学院、東京大学情報学環、早稲田大学グローバルエデュケーションセンター等多数）において、ウェブサイト上に、論文作成に必要な手続きやマナー、剽窃の厳禁といった内容が掲載され、大学院生への注意喚起を厳しく行っている（各々のURLは巻末の参考文献に明記）。レポートや論文執筆のためのマナーを説明するだけでなく、剽窃が明らかなケースに対しては、その年の取得単位をすべて認定しないという記述も見られる。

第 5 章　大学院レベルの日本語学習者の文章における構成と論理展開に関する問題分析

他 2007, 同上）。こうした文章構造や論理展開等、局所的適切性を超えるレベルの問題は、従来の日本語教育におけるライティング指導では、必ずしも本格的には取り上げられていなかった。しかし、これは専門日本語ライティングのスキル養成においては極めて重要な問題であると考えられる。

　特に大学院レベルでは、学部の卒業論文とは異なり、学会における口頭発表とともに、学会誌等の学術雑誌に論文を投稿して査読を受けるといった、大学外の不特定多数の研究者との研究上のコミュニケーションの場への参加が必要となる。換言すれば、論文を執筆して大学で単位を取得する活動のみではなく、より本格的な実際の研究活動への参画を行うことが求められる。論文は完成された文章として新たな知見を提示して世に問うものであり、そこには、不明確な文章構成や、あいまいな論理展開は許されないものであると言える。

　そういった本格的な研究活動に必要な論文スキーマを形成していくための専門日本語ライティング教育の開発を目的として、まず、論文レベルの高度で長文の文章ではないものの、大学院レベルの学習者が作成した文章を分析することにより、実態として、文章上に現れた構成や論理の問題がどのようなものであるかを観察する。以下では、実際の事例分析を通して、問題の分類と質的な考察を行う。

5.2　学習者の文章に見られる構成と論理展開に関する問題分析

5.2.1　分析の対象と方法

　分析対象とした文章は、2008 年 10 月から 2011 年 1 月まで、それぞれ 15 週間を 1 学期として、日本の某大学で開講された日本語コースのライティングクラスを受講した、大学院レベルの学習者合計 36 名が、授業期間中 7 回の文章作成タスクで作成した文章から、問題が複数回見られた学習者のケースを一部抽出したものである。提出された文章は、第 2 章のデータ紹介で言及した通り、一部 6 編の未提出があったことから、合計 246 編であった。

　当該学習者は 1 名の大学院生を含む他は、全員が研究生であり、今後日本

5.2 学習者の文章に見られる構成と論理展開に関する問題分析

の大学院に入学して研究活動を本格的に行う学習者であった。彼らの日本語レベルは、全体的に、日本語能力試験[20] 3級合格以上の中級か中級程度である。

上記の中の漢字圏学習者12名の専門分野は1名の社会科学系を除いて全員が理系であった。また、12名のうち、韓国語母語話者2名以外は、中国語母語話者であった。

なお、いずれの学習者も15週間の間に各々が日本語能力を向上させていったことから、上記のすべての文章が、レベル的に均質であるとは言えない。本研究の目的は、ライティング能力の獲得過程の記述ではなく、また、文章のトピックに関する学習者の背景知識も各々異なるため、特に時系列による分析は行わない。ここでは、学習者の文章を対象に、論文的なアカデミックな文章として適切か否かの観点から、また、文章の構成と論理展開の観点から、具体例を分析することにより、パターンとして捉えうる問題の抽出を試みる。

対象とした文章は、『大学・大学院留学生のための日本語② 作文編』（アカデミック・ジャパニーズ研究会編著 2001）の中の課題について書かれた文章である。以下の表5-1は、第2章においても言及した、それらの7課題に関する情報をまとめたものである。

これらの作文は、基本的に、予め緩やかに枠組みが示されたものである。例えば、段落の数（例：3段落構成）やその文章に記述すべき内容（例：問題の説明、原因の分析）が指定されている。

---

[20] これは、第2章で言及したように、国際交流基金と日本国際教育協会の共催により日本の内外で実施されている試験であるが、本書で言及している試験は、2010年より導入された新試験ではなく、それ以前の日本語能力試験である。レベルは高い方から1級から4級までの4種類が設定されている。

第5章　大学院レベルの日本語学習者の文章における構成と論理展開に関する問題分析

表5-1　授業で用いた文章課題に関する情報

課題で提示されたテーマの大枠	段落数	作成上の条件※
(1) 専門分野	指定無し	専門分野の説明と研究したいことを「である体」で書く。
(2) 科学の発達	3	指定の中心文に対する支持文を考えて文章を書く。
(3) 母国の有名な人	3	有名な人を選び、有名な理由や母国の人々の評価を、書き手の主観を交えずに書く。
(4) 母国の大学	3	母国の大学での生活や来日前後の状況について時系列に書く。
(5) リサイクル	3	リサイクルの定義を行い、各段落の中心文に対する支持文を考えて、リサイクルの問題について書く。
(6) 高齢化社会	3	指定されたグラフを見てわかること、予想される問題、および自分の意見を書く。
(7) インターネットの問題	3	具体例、そこから起こる問題とその解決策の提案を書く。

※課題内容を筆者が要約して示したもの

　表5-1に示した文章課題のジャンルと分析の観点との関係について、以下補足的に説明する。すなわち、中級レベルの日本語学習者がこれらの課題について作成した文章を、論文的なアカデミックな文章としての適否の観点から分析する場合における、上記7種類の課題設定が論述のアカデミック性において妥当か否かの判断の問題である。換言すれば、いわゆる大学で課されるレポート等の文章ジャンルではなく、表5-1のような比較的短い文章を対象として扱うことの是非である。

　この点について以下、3つの背景から妥当であり分析が可能であると考えられることを示す。

(1)　学習者の日本語レベルとレディネス
(2)　各課題による文章作成上の学習項目

5.2 学習者の文章に見られる構成と論理展開に関する問題分析

(3) 文章の量への制限の緩和

　まず、(1)については、先述したように、当該学習者は、日本語レベルが中級程度であるものの、6ヵ月後か1年後には、大学院での学習研究活動に本格的に参加する必要がある集団である。母語背景の観点からは、漢字圏か非漢字圏かによって漢字語彙の習得量、および文法や語彙等の知識量にも幅がある。また、来日時期や学習期間等がかかわる当該コース開始前のレディネスも多様であり、コース開始直後の段階では、短い文章であっても、日本語で一定量の文章を書いた経験を全く持たない者も多い。このような背景から、当該学習者の日本語レベルが一般的に、日本語能力試験3級合格以上であるとしても、専門日本語ライティングに関してはほとんどの者が未経験といってよい状態である。そのため、徐々に文章作成に慣れていくために、表5-1の文章課題は許容範囲にあると判断した。

　次に、(2)については、専門日本語ライティングとしては概して分量が少ない傾向があるが、上記7課題による文章作成においては、1) 文体と書きことば、2) 段落に分ける、3) 「は」と「が」、4) 理由・経過をのべる、5) 定義をする、6) 判明していることを述べる、7) 解決策を述べる、といった基本的な学習事項をもとに課題設定が課ごとになされている。このように、学習項目を限定した課題設定であるため、中級あるいは中上級程度の学習者の日本語レベルの観点からも、難易度に大きな問題は予測しにくいものになっている。

　さらに、(3)については、上記の通りレディネスが異なる観点からも、実際の授業において、教師から、文章作成上の指示は重視しつつも、論の展開において必要なら文章量の制限を超えて作成してもよいとして、条件が緩和されている。付録の**資料1**にあるように、ほとんどの課題は400字であるが、議論が必要な場合、600～800字程度の文章の作成も許可した。このように、学習者は自身の表現力や専門分野に近いといった関心のあるテーマの課題によっては、むしろ多くの議論を文章に盛り込むことも可能であった。

　なお、当該学習者には、これらの文章が研究と教育の目的以外には用いら

第5章　大学院レベルの日本語学習者の文章における構成と論理展開に関する問題分析

れず、かつ特定の国籍や専門分野にかかわる個人情報が保護される旨、十分に説明し書面で了解を得る手続きをとった。また、本書で例示する文章データは、中心的な論点に焦点を絞るために、普通体と丁寧体の混在および文法・表記の誤用を、筆者が修正した上で引用する。

5.2.2　結果と考察
(1)　問題の分類

問題を含む具体的な文章例の分析に先立ち、関連の研究を参照し、その上で、問題の分類について説明する。

村岡他（2010）では、テキスト分析タスクという文章評価を行う協働的な学習活動を、学習者の発話から分析した際に、学習者による文章評価の基準を3点に分類した。すなわち、1）内容と構成、2）段落や文の接続における論理展開、3）表現と文体の3点である。

本書においては、基本的にはこの3基準を参照しつつも、村岡他（2010）では扱わなかった問題点も含め、分析した結果、より包括的に次の3点にまとめることとした。すなわち、1）目的と構造化、2）関連づけと意義づけ、3）厳密さと文体の最適化である。これらについて以下に説明を加える。

1）の目的と構造化は、個々の文やその論理展開等ではなく、一定のまとまりをもった文章の目的やテーマに即して構築されている文章構成を扱うものである。つまり、その文章における各々の内容の配置、および文章全体の構成にかかわるもので、文章を評価する際のマクロな視点によるものである。

一方、2）の関連づけと意義づけは、ミクロな視点から、文や段落の接続における論理展開に至るまで扱うものである。論理展開の問題を扱う場合、相互の関係が不明な状態の文と文は、それぞれの記述の意義づけが明確ではないと考えられる。例えば、原因と結果の関係が明示されていない、あるいはメタ表現がなく文が羅列されているために相互の関係が不明であるといった事例が対象となる。また、文章を構成している個々の文が、一部でもその存在意義自体が不明瞭な事例も該当する。そのような論理展開上、不分明な文の存在は、そもそも意義づけがなされていないと判断されるものである。

5.2 学習者の文章に見られる構成と論理展開に関する問題分析

さらに3）の厳密さと文体の最適化は、学術論文やレポートといったアカデミックな文章には不可欠である厳密さ、およびその文章に適した文体の最適化が行われているか否かを扱うものである。厳密さとは、抽象的な議論にとどまるのではなく、具体的な事例を的確な表現で提示し、かつ、根拠のない過剰な一般化を行わず、またそのような問題が残る解釈が起きないよう全体的に厳密な表現を用いることと考える。

以上の3基準を用いて、次に、具体的な文章例の一部または全体を示しながら、それぞれの問題を順次、分析する。

(2) 目的と構造化

ここでは3例提示する。

まず、1例目は、段落分けが全くなされていない文章である。次の(1)は、付録の<u>資料1</u>に問題の指示文があるもので、学習者自身の専門分野について簡潔に説明する主旨の文章である。学期当初の授業でレポート等のアカデミックな文章で用いられる「である体」を学習した後で課されたものである。全体の文字数は406であった。1段落構成の文章で406字という文字数は極めて多いと言える。

(1) 私のA大学での専門は環境エネルギーである。現在は、A大学B研究所で研究生として勉強し、専門に関する実験を行っている。C（教授名）研究室では、ものつくり、廃棄とリサイクルにおける環境負荷低減に寄与できる先進的な要素技術開発を行っている。私が今行っている実験は鉛フリーはんだによるD（専門用語）に及ぼす材料組成の影響である。鉛フリーはんだというのは、鉛フリーはんだ付時に使われる合金である。鉛フリーはんだ付という接合技術には、環境を汚染せず、廃棄物による鉛汚染の防止などの利点があるので、すでに電気、電子機器の生産過程において広く利用されている。しかし、鉛フリーはんだ付時に、鉛フリーはんだによってステンレス鋼などの金属材料のE（専門用語）が速くなっ

ている。そこで、私の今の研究は鉛フリーはんだによるE（専門用語）のD（専門用語）現象において、はんだやステンレス鋼の組成がどのような影響を及ぼすかを調べることを目的とした。

　上記のような一定のテーマのもとでの文章であっても、書き手自身の専門分野や現在の在学段階、および現在の研究状況や今後の研究計画等、各々異なる内容を記述する場合には、適切な段落分けが必須である。
　(1)のケースでは、記述内容によって段落分けをするように教師から指示がなされた後、3段落構成で修正した文章が、後日提出された。また、この次の課題以降には、いずれも段落分けが比較的適切に行われた文章が提出されるようになり、当該学習者の段落分けへの意識化が認められるようになった。
　3段落構成にした文章は次の(1)'の通りである。

(1)'　　私のA大学での専門は環境エネルギーである。現在は、A大学B研究所で研究生として勉強し、専門に関する実験を行っている。C（教授名）研究室では、ものつくり、廃棄とリサイクルにおける環境負荷低減に寄与できる先進的な要素技術開発を行っている。
　　私が今行っている実験は鉛フリーはんだによるD（専門用語）に及ぼす材料組成の影響である。鉛フリーはんだというのは、鉛フリーはんだ付時に使われる合金である。鉛フリーはんだ付という接合技術には、環境を汚染せず、廃棄物による鉛汚染の防止などの利点があるので、すでに電気、電子機器の生産過程において広く利用されている。しかし、鉛フリーはんだ付時に、鉛フリーはんだによってステンレス鋼などの金属材料のE（専門用語）が速くなっている。
　　そこで、私の今の研究は鉛フリーはんだによるE（専門用語）のD（専門用語）現象において、はんだやステンレス鋼の組成がどのような影響を及ぼすかを調べることを目的とした。

5.2 学習者の文章に見られる構成と論理展開に関する問題分析

　先の(1)において段落分けがなされれば、(1)'のように、大きく文章の流れを変更させることなく、改善が認められたものと言える。

　なお、先の表5-1に示したように、学習課題のうち、この「専門分野」のトピックによる課題のみ、もともと段落数の指示がなされていなかった。そのため、学習者自身が、文章作成の際に常に段落を意識していなければ、(1)のような問題が生じることがある。このように指示やアドバイスが行われて初めて意識するケースが、学期当初にはクラスの中で若干見られる傾向にあった。

　次の例(2)は「科学の発達」について書かれたものである。これは、記述内容が分散しているために文章の目的が明確ではなく、文章の構造化に成功しなかった例である。3段落構成の中で、第2、3段落分を引用する。

(2)　　科学のおかげで生活は便利になった。しかし、一方ではまだ多くの問題がある。最近も、大量に交通事故が起こった。<u>人間の安全</u>は懸念されている。その他にも、<u>環境問題</u>が重大である。工業のため、飲料水や空気が汚染された。<u>動物の生活範囲</u>も狭くなった、そのため、動物の種類が次第に少なくなっている。<u>インターネット</u>ではさまざまなゲームがあるので、多くの人々は、運動よりコンピュータの前で遊ぶ方が好きである。それは<u>不健康な生活スタイル</u>である。

　　　これからは、科学発達と同時に、<u>環境保護</u>に注意するほうがよいと思われる。そうすれば、人類の生活が便利になり、環境も改善される。人間はより美しい環境で生活すれば、<u>運動量も多くなる</u>と思われる。

(下線は引用者)

　(2)では、全体として、「科学」の下位項目として、「交通機関」、「工業化」、「インターネット」が位置づけられ、それらが相互に脈絡無く書き連ねられていることが根本的な問題であると考えられる。

第 5 章　大学院レベルの日本語学習者の文章における構成と論理展開に関する問題分析

　具体的には、まず、最初の段落で交通事故の例から安全についての言及があるが、次の結論の段落では全く言及がない。交通事故の例の次に「その他にも」という表現があり、続いて「環境問題が重大である」と記述されている。さらに、動物の生活範囲や種の減少についても言及されているが、直後には話題が「インターネット」に転換している。第 3 段落の結論部には環境保護の結果として人間の生活の改善への期待が示されているが、段落間の結束性が薄く、議論の深化は見られない。

　1 文 1 文は短く、添削する場合でも、若干の文法の問題を訂正するのみであるが、記述内容が極めて網羅的であり、主旨は結論に収斂されていない。つまり、この文章は、文章の構造化に関する問題が存在していると言える。

　なお、この学習者は、学期後半においても再度、類似の問題を含む文章を作成していたことから、論文スキーマが十分にまだ形成されていないケースであると考えられる。次にその例を示す。「インターネットの問題」を扱った 3 段落構成の文章である。

　(3)　　インターネットは、多くの人に、さまざまな所で使われている。たとえば、大量な情報を得ることは便利になっている。インターネットでのショッピングは徐々に人気が高まっている。電子メール、MSN などの連絡方法のため、国際的にも連絡をとることは便利になっている。現在社会で大きなプレッシャーの下で生活する人間がゲームを楽しむことはストレスを緩和する効果的な方法である。

　　　　　そのため、人々はインターネットに依存するようになっている。情報の選択の問題は深刻になっている。有害なサイトは若者に悪い影響を与えている。また、ショッピングの時、クレジットカードの暗証番号か盗まれ、経済損失が発生する可能性もある。その他にも、ネットワーク上の想像上の人を友人であると考えてしまい、人がだまされる可能性もある。最後に、ゲームに夢中になった人々は毎日長い時間インターネットで遊ぶ。これは健康に悪影

5.2 学習者の文章に見られる構成と論理展開に関する問題分析

響を与える。筆者が以前在籍していた大学のある学生は毎日ゲームで遊ぶことしかせず、一週間くらい寝なかったため、死んでしまった。

　そこで、次のことを提言したい。有害情報及び暗証番号か盗まれる可能性のある問題に対しては、政府が関連法案を実行に移すことを希望する。想像の世界で生活する人及びゲームに夢中の人に対しては、生活の意味が何かの教育を行うことが必要である。

(3)も、第1段落でインターネットの便利さを、情報獲得、ショッピング、連絡手段、およびストレス緩和という別々の項目について網羅的に示し、次に第2段落で、人がインターネットに依存し過ぎた結果起こす問題について、別々の例を示している。また、第3段落で、それぞれの例に対する対策を列挙するにとどまっている。インターネット利用に際しての問題という非常に大きなテーマのもとで、複数の事例を同じ段落にパラレルに入れ、それぞれを、段落を越えて論じていることがわかる。結論部分に議論が適切に収斂していかない例であると言える。

さらに同じテーマで類似の問題を抱えた例として、村岡他（2007）の例を引用する。

(4)　　科学のおかげで生活は便利になった。しかし、一方ではまだ多くの問題がある。最近も個人の安全、会社、国の安全などが害されている。自分の珍しい資料や銀行暗証番号などが盗み取られる。会社は相手の会社に商業機密を知られることもある。このような被害が多い。(a) <u>インターネットには子どもにとって有害な物も多い。また、コンピューターを使い過ぎると目が悪くなる。</u>

　これからは少しコンピューターを使って重要な資料をコンピューターで保存させないほうがいいと思う。もし、重要な資料をコンピューターで保存するなら、暗証番号を使うほうがいい。また、USBメモリ、HDCの中で保存するほうがいいと思う。(b)

第5章　大学院レベルの日本語学習者の文章における構成と論理展開に関する問題分析

<u>そうすれば困ったことが少なくなる。</u><u>いい生活になる。</u>

(下線は引用者)

　前半の段落における下線部(a)は、インターネット使用の、健康面も含めた子供への影響について言及している。しかし、その次の段落にある今後の対策に関する記述は、前の段落の個人情報等の保護に関する対策についてのみとなっている。つまり、インターネットの問題への言及が分散しているため、前の段落での記述を受けた結論にはなっていない。(b)の結論は極めて主観的であり、厳密ではなく前段落との関係も明確ではない。なお、(b)のような結論部分の最後における主観的な記述については、5.2.2の(4)において後述する。

　以上、(1)から(4)に見られた問題は、段落の配置も含め、情報の配列についての意識の欠如から発していると考えられる。専門日本語ライティングで求められる完結した文章には、中心的な主張に収斂する議論の一貫性が必要である。たとえ各文が文法的に正確であっても、また、段落内での記述に不整合がなくても、文章を通しての一貫性が保たなければ、論旨が不明瞭となる。したがって、書き手である学習者は、文章を作成するにあたって、明確な目的認識と、その目的に適した全体的構成を選択する意識を持つことが重要である。学習者にこの全体構成についての意識が欠如している場合には、局所的文法や語彙の指導の前に、まず、この意識化を促す指導が必須であると結論できる。

(3)　関連づけと意義づけ

　ここでは、まず、2例の文章例を提示する。

　はじめの例(5)は、先述したように、付録の**資料1**に問題の指示文があるもので、段落数の指定がなされていないトピックである専門分野について書かれたものである。2段落から構成されている。なお、一部、国籍や専門分野の詳細等の個人情報にかかわる表現はアルファベットで示した。

5.2 学習者の文章に見られる構成と論理展開に関する問題分析

(5)　　人間活動からの環境負荷が人々の生活環境および自然生態系に及ぼす影響を評価し、環境を保全・回復・創造するための環境共生技術を探求する。そのために、地球・地域・都市・建築内空間等の様々なスケールにおいて、人間活動が、大気・水・熱エネルギーの環境循環に及ぼす影響と、人間活動からのA物質の環境動態を明らかにする。

　　私の研究課題は、B国の大気中におけるCの予測とその環境影響評価である。

(5)の第1段落は、学習者自身の研究分野に関する一般的な解説であり、より広い視点から記述されている。一方、第2段落は、自身の研究課題を、国名を挙げる等、より具体的に記述されている。なお、「・」の安易な過剰使用は適切ではないと思われる。

　第1段落と第2段落は、このように抽象的な記述から具体的な記述へという流れが観察されるが、もともとこの文章には「タイトル」が書かれておらず、第1段落にも「筆者の専門分野は」といったトピックを明示する表現も見られない。したがって、読み手は、第1段落の記述を読み終えてからおおよそのトピックを理解することになる。

　一般に、教材等に課題の指示が示されていても、書き手は自身の文章のタイトルを厳密に表示する必要がある。レポート等の教室ジャンルの文章については、タイトルを書くという指示があらかじめ伝えられていなければ、一部の学習者は自らタイトルを書かないことがあるため、この点についても、学習者への意識化の促進は必要であると考えられる。したがって、授業の運用上、あらかじめタイトル明記の必要性について注意喚起しておくことが重要であると言える。

　さらに関連して、(5)は、メタ表現がないことから、第1段落自体も、第1、第2の両段落の関係も、唐突な印象を与えるものとなっている。つまり、文章のタイトルを明記せず、また、段落内外の論理的関係も明瞭ではないという2点は、この学習者の意識化が、まだ進んでいない状態を示していると

79

第5章　大学院レベルの日本語学習者の文章における構成と論理展開に関する問題分析

言える。このような学習者は教師等の他者からの指導を受けなければ、自身で気づくことができない状態である。

　次の(6)は、「日本の高齢化問題」というトピックで書かれた文章であり、5段落から構成されている。そのうちの第3段落から第5段落までを、以下に引用する。

　　(6)　　高齢化を解決するために最も重要なことは、<u>出産率を高めること</u>である。社会的競争が激しくなり、生活ストレスもあるが、多くの人々が結婚せず、婚期が遅い傾向が見られる。結婚した人は生活と経済的なプレッシャーを受けて、子供を生まない、あるいは離婚するなどの現象が増加している。このような現象について、裁判所は離婚を控えるように調停し、社会と会社は、既婚者に対しては、一定以上のよい待遇を施す必要があると思われる。例えば、税金の引き下げ、医療保険料の引き上げ、および、休暇時間の増加などである。子供の成長に関しては、保育園から学校までの教育が保障される必要がある。

　　　　　<u>自殺率を下げる必要がある</u>。日本経済の低迷で、大量の企業の倒産で自殺率が毎年増えている。政府は、失業者に対して第二の雇用機会を創出しなければならない。

　　　　　<u>出産率を向上させれば、高齢化が改善されるだろう。</u>

（下線は引用者）

　この(6)は、段落の最終文である下線部がいずれもトピックセンテンスであると考えられる。そうすると、間の段落の「自殺率を下げる必要がある」は、前段落の内容との関連が不明で、かなり唐突な印象を与える。これは、自殺者を出さないことによって、高齢化社会における貴重な労働者の減少を少しでも防ぎたい、という関連性を示そうと試みたものと推測される。しかし、最初の段落と後の段落との間に関連性なく挿入された情報のように読まれてしまうため、関連づけと意義づけが不足した文章の展開になっていると

5.2　学習者の文章に見られる構成と論理展開に関する問題分析

言える。

　つまり、最初の段落においては、意欲的に自身の意見が多く語られていると観察されるが、次の段落との関係、さらには最後の段落との関係が明確ではない文章となっている。全体的には、高齢化の問題を出産率の向上と関連づけて記述された文章であるが、仮に「自殺率を下げる必要もある」としても、まだ唐突であり、この文と前の段落の議論がかみ合う論理があるとするならば、それを接続するメタ表現が必要である。なお、自殺率に関する議論は、記述の分量も少なく、前段落の議論と比較すると補足的な情報であると考えられる。

　さらに、村岡他（2007）が取り上げた、時系列の問題が見られる例について以下の例(7)に抜粋して示す。

　(7)は、学習者が母国の大学で学び、その後来日した経緯を説明する課題に対して書かれた文章の後半部分である。学習者の専門分野にかかわる表現は個人情報保護のためアルファベットで示した。

(7)　　大学にいる間に、専門に関することをよく勉強した。以前には、知らなかった現象や原理や設計方法などがはっきりとつかめるようになった。後で、いろいろな町へ調査に出かけ、実践と理論を合わせて同時に用いて勉強した。

　　　日本へ来てみて、先輩たちの研究範囲は非常に広く感じた。院生になる前に、自分の視野を広げたいと思っている。今まで多くの質問を持っているが、どう表現すれば分からない。そのため、ずっと日本語の勉強をしている。早く上達できると思う。

　　　卒業後、学校で一年仕事をしていた。その間に、まだ専門知識が不足していると感じた。視野を広げたいと思った。そこで、日本に留学した。日本のA、B方式及び日本の大学の授業方式などを習いたいと思った。知識を充実させて、母校の大学に戻りたいと考えている。

第 5 章　大学院レベルの日本語学習者の文章における構成と論理展開に関する問題分析

　(7)は、個々の段落内の展開には特に重大な問題は見られないものの、段落間では、実際の時系列にそって書かれていない部分が認められ、読者に混乱を与える。

　つまり、第 1 段落で母国での経験、第 2 段落で「日本へ来てみて」と来日後の感想と現在の状況を語り、第 3 段落では「卒業後学校で」として、再び母国での経験（書き手本人に確認済み）に関する記述に戻っている。経緯を説明するのであれば、述べ方として最も自然な、つまりデフォルトの選択は時系列に従うことである。従わないとすれば、そこに何らかの積極的理由があるのが自然である。その理由がなければ、(7)の第 3 段落の下線部を第 1 段落の後に移動させる等、第 3 段落より前に位置させて時系列に沿った配列にした方が読みやすい文となる。(7)の問題点は、内容に即した配列方法を予め考えるという意識が薄く、思いつくままに述べていることであると言える。

　次の例(8)も村岡他 (2007) から例を引用する。高齢化の問題に関する作文の最終段落である。(8)以前には、日本で高齢化が急速に進む状況を図の分析から論じ、(8)は今後予想される問題を示す部分である。

(8)　　高齢化が進むとともに、年配者のための医療保険制度だけでなく公的な年金の支払いおよび年金給付額は重要な問題である。さらに、高齢者の高い割合のために、日本は人的資源不足の問題に直面しなければならない。しかし、高齢者の高い割合は日本の環境と生活条件が発展させている標示でもある。

　(8)は、接続詞「しかし」の使用に関するもので、第 4 章の議論ともかかわるが、ここでは、当該接続詞が文章の最終段落の結論部分に位置していることから、本章で特に問題として取り扱うこととする。

　(8)は、本来は中心的な主張を損なわない程度の付記的あるいは補足的な情報が、逆接構造によって最後に提示されたため、それまでの議論を否定してしまうことになり全体として論旨に混乱を来たしている。

　最終段落において、医療保険制度や年金等の高齢化に伴う問題の指摘がな

5.2 学習者の文章に見られる構成と論理展開に関する問題分析

されているが、末尾文は逆接の接続詞「しかし」により議論が一転し、かつ、そこで中断している。これが随筆風の文章であれば、文章の最後に、ごく簡単にでも別の視点の導入を行うことにより、読者にさらに考えさせたり余韻を残したりすることもあり得ることである。一方、(8)の文章作成課題のように、図の説明を行い、それに基づいて問題を予測するといった論理展開の場合には、結論部分にそれまでの議論と有機的に結びつかない評価を示すことは避けるべきであると考えられる。

(8)では、書き手が「しかし」を用いたため、上記の通り論述に問題が認められたものであるが、書き手の本来の意図は、高齢化社会の否定的側面に言及するだけでなく、別の視点から肯定的に捉える見方も包含し主張を重層的にすることにあったと思われる。別の視点の導入をはじめから計画していれば、逆接ではなく、譲歩の表現が選択されることが適切であったケースである。

(8)と比較する例として、本書で分析対象としたデータから、以下の例(9)を示す。(9)は、同様の「高齢化社会」についてその問題に対する解決策を論じているが、その上で、上記のような重層的な主張を行うことに一定程度成功していると言える例である。

(9)　　その問題を解く方法はいくつかあると思われる。第1に、日本の出生率を高めることである。そのため、日本は育児休業をもっと充実させたほうがよいと考えられる。また、日本の女性は、子供が生まれた後に、仕事を続けることが大変である。もし女性の働く環境がよくなれば、出生率が高くなるであろう。

　　第2に、外国からの移民を受け入れることも適切な方策である。その方策をとれば、日本の若者の人口の割合が高くなるだけでなく、納税者の数がすぐに増え、国内の需要が増え、経済が回復するであろう。ただし、移民は文化が異なるため、日本への適応が円滑に行われることが必要である。

　　実際には、筆者には日本の高齢化はうらやましいことでもある。

第5章　大学院レベルの日本語学習者の文章における構成と論理展開に関する問題分析

　　　　　　　高齢化の現象は、日本のクオリティ・オブ・ライフの帰結である。
　　　　　　日本はそのクオリティ・オブ・ライフの副次的効果を適切に活用
　　　　　　すれば、より快適な社会になると考えられる。

　(9)は、第2段落にある移民の受け入れに際しての条件、すなわち、日本への適応の問題に言及するだけでなく、第3段落においては、他の学習者がほとんど記述しなかった、高齢化社会の別の側面であるというクオリティ・オブ・ライフの帰結にまで指摘が及んでいる。この記述によって、おそらく先の(8)の学習者が最終段落において十分には書き切れなかった内容の発信が、達成できていると考えられる。このように、特定のトピックについて複眼的に論じることが可能なレベルは、日本語での論文スキーマが形成されつつあることの証左でもあると推測される。

(4)　厳密さと文体の最適化
　ここではまず、問題のある2例を示し、比較のためにさらに1例を加えて説明する。
　次の(10)は、学期前半に作成された「科学の発達」のトピックに関する文章における第3段落、すなわち最終段落の文章である。

　　(10)　　これからは、科学資源を適切に利用したほうがよいと思われる。
　　　　　そうすれば、生活は便利になりながら多くの問題がなくなるだろ
　　　　　う。人間の生活は次第によくなってくる。

　　　　　　　　　　　　　　　　　　　　　　　　　　　　　（下線は引用者）

　(10)の結論は、「科学資源を適切に利用すること」のみであり、「適切に」の具体性が欠けており、単純なものである。さらに、その短い結論をもとに、「そうすれば」で結び、明確な根拠を伴わずに、将来の希望的な予測を主観的に「問題がなくなる」あるいは「生活がよくなってくる」といった表現でまとめられている。

5.2 学習者の文章に見られる構成と論理展開に関する問題分析

比較のために、他の学習者が作成した(11)を次に引用する。これは、「科学の発達」というテーマの文章作成課題において、医学の発達とその問題を述べた文章の一部である。この段落は具体的にアフリカ地域のエイズとマラリアの問題を論じた文章の最終段落である。

(11) 　これからは、エイズとマラリアになっている人のために、新薬の価格を安くした方がよいと思われる。そうすれば、アフリカのもっとも貧困な国であっても新薬を買うことが可能になる。アフリカ国民の健康問題は世界に関係があるため、エイズとマラリアを十分に治療できるようになれば、人類全体にとって朗報となる。

ここでは、新薬の価格を下げることが提案され、また、その必要性と今後の予測についても示されている。先の(10)と比較すると、より具体的に問題を絞ったものであり、さらには視野を広げて、特定地域の具体的な問題を世界の他地域と関連させて言及している点等が評価できる。

もう1例の(12)は、高齢化社会の問題を論じた文章の結論部分である。ここには、雑誌記事の見出し的なスローガン的表現が、下線部の通り段落末尾に示されている。

(12) 　西ドイツが60年代に急成長を果たしたのは、外国人労働力の定着が大きな要因であると言われている。労働人口が社会保障を負担する有効な人材にもなり得る好例である。<u>日本は今、決断を迫られている！</u>

(下線は引用者)

この例では、他の国の好例を引き合いに出した点は評価できるものの、結論を明示しておらず、かつ、下線部のように「！」の使用が見られる点は、文体的にも問題が残る。この学習者は、他の、リサイクルに関するトピックで書かれた文章においても、次の(13)のような表現を結論部分の末尾に用い

第5章　大学院レベルの日本語学習者の文章における構成と論理展開に関する問題分析

ていた。

 （13） 私たちの地球のために、これから、リサイクルしよう！！！！

　いずれの文章例においても、教師からの指摘を受け、学習者自身が書き直しを行った文章では、このようなスローガン的表現は削除された。
　類似した主観的な結論の記述例として、例(14)を示す。これは、最終段落の結論部分において、下線部のように、主観的で安易な印象を与えるものである。

 （14） 科学のおかげで生活は便利になった。しかし、一方ではまだ多くの問題がある。最近も、人々はだんだん機械に頼ることになった。そのため、人々は怠惰になっている。さらにそのほかにも、工業が速く発達しているために、我々の環境は日に日に汚染されている。ということは健康に悪い影響を与えているということである。例えば、大気汚染や水質汚染や騒音公害などである。
   これからは、われわれは科学を発達させながら人々の健康とか環境を気にしたほうがいいと思う。<u>そうすれば、私たちの人生は良くなる。それに、科学は生活にも本当に役立つと思う。</u>

（下線は引用者）

　(14)は授業での文章作成課題として、最終段落において、前述の科学に関する問題への対策を述べるよう指示されているものである。(14)の下線部は、具体的な根拠を伴わず「良くなる」や「本当に役立つ」等、主観的な表現だけで構成され、「それに」による展開もあいまいである。(14)は、科学の問題への対策として、健康や環境に配慮する必要性を1文に示したのみで、表現が不十分であるために「健康や環境に配慮すれば、私たちの人生は良くなる」といった、単純化し過ぎた展開になっていると指摘できる。
　関連して、村岡（2007b）では、人文社会系の留学生が書いた文章の「根

5.2 学習者の文章に見られる構成と論理展開に関する問題分析

拠の乏しい主観的な結論」として、次の3例を取り上げ、同様の指摘を行った。

(15)　F国の交通の問題はいままだ解決していない。<u>しかし未来は必ず解決する</u>。
(16)　それで、リサイクルの前途は<u>良い</u>。私たちの地球はますます<u>美しくなる</u>。
(17)　これからは、科学を<u>正しく</u>利用すべきだと思う。

（下線は引用者）

　(15)から(17)の3例の下線部の表現は、いずれも根拠が乏しく、ややスローガン的と言えるものである。
　まず、(15)では、最終段落に至るまで交通の問題と対策を説明しているものの、将来の解決の見通しには言及がなかったため、書き手の個人的な希望を述べたものである。
　また、(16)も同様で、環境保護の観点からリサイクルの必要性を説く記述に続き、最後に、下線部のような主観的な表現が用いられている。
　さらに(17)も、科学の発展に伴う種々の問題と対策が述べられたあとに続くもので、「正しい利用」は唐突で主観的な印象を与えるものであった。いずれの表現も、感想文や日記文等、別のジャンルの文章では許容度が若干高まる可能性があるものの、レポートや論文の文章には適さないと考えられる。
　以上、結論部の論述方法に関するいずれの問題も、局所的な個々の表現の誤用に帰せられるものではない。つまり、不適切な表現の一つ一つを単にアカデミックな文体的特徴を有するものに置換して解決するものではない。それらの問題は、本論や結論といった、各々機能の異なるセクションが有機的な関連づけを持ち、段落内外の論理展開に適した表現や文体で厳密に示される必要のあるものである。したがって、論述として具体性に欠ける、あるいは主観的に過ぎる記述であれば、それへの加筆や修正も求められる問題であり、指導が求められるものと言える。

第 5 章　大学院レベルの日本語学習者の文章における構成と論理展開に関する問題分析

5.3　学習者文章の問題分析からの示唆

　以上、大学院レベルの日本語学習者が作成した文章における問題を、具体例を通して分析し、パターンとして捉えうる問題の抽出を試みた。すなわち、1）目的と構造化、2）関連づけと意義づけ、3）厳密さと文体の最適化の3点からである。
　先述したように、これら3点は、個々の文法や表現といったものではないマクロな観点である。多くの例をもとに論じてきたように、段落内や文章全体での、具体例を欠くトピックの分散等による、論理的関連づけや意義づけが明確ではない現象は、書き手である学習者による文章の構成や展開に関する意識の欠如が原因であると考えられる。
　本来、文章の構成と論理展開は、それぞれ、文章の中心的主張・概念とそれを支える主張・概念との関係の具体化と捉えることができる。したがって、文章構造と論理展開における問題とは、基本的には、中心的主張に収斂していくべき概念間の構造の認識にかかわっていると考えられる。論文は、個々の表現や文というミクロな各要素が、マクロな文章という統一体に対して、論理的に矛盾なく含まれる構造を有する必要がある[21]。そういった論文スキーマを確実に形成するためには、上記のようなミクロな要素への知識とともに、それらが全体を構成するマクロな完成形としての論文の文章に対する正確な認識を持つことが重要であると言える。
　さらには、そういった論文スキーマが形成されていれば、第3章で説明したSwales（1990）のDiscourse Community（ディスコース・コミュニティ）の構成員により繰り返し用いられてきた文章の構造と表現のパターン化が存在すること自体に対しても、より理解を深めることが可能になると考えられる。

---

[21]　これは、Halliday & Hasan（1976）（ハリデイ・ハサン, 安藤他訳 1997）の重要な概念である「結束性」、すなわちcohesionに加え、その後のテクスト言語学においても議論が深まった「一貫性」すなわちcoherenceの考え方に通じるものと言える。

5.3 学習者文章の問題分析からの示唆

　以上、5.2 で扱った文章の構成や論理展開等、局所的適切性を超えるレベルの問題は、従来の日本語教育の作文指導に関する研究においては、本格的には取り上げられていなかったものである[22]が、最終的には論文作成を目指す専門日本語ライティング能力の養成においては、極めて重要な項目であると考えられる。

　なお、文章の目的を明確に意識し、個々の文や段落の論理展開や意義づけに注意しながら文章の適切な構造化を実現することは、必ずしも容易なことではない。これは、村岡他（2009；2010）においても指摘したように、外国語か母語かを問わず、学習者によるライティング活動そのものの捉え方や、過去の文章作成トレーニングの経験にもかかわることであると考えられる。なお、この点については、第6章および第7章において、学習者自身の種々のデータも用いて関連の議論を深めることとする。

　本章で分析したような文章の構成や論理展開に関する問題は、ネイティブチェックによる添削を、文法や表現に対して施して解決する問題ではないと言える。つまり、局所的な誤用のチェックと訂正が実質的に主たる添削作業であると捉えられてきた、従来の狭義の日本語作文教育では、以上のような問題の解決は望めないと考えられる。特に大学院レベルの専門日本語ライティング教育に求められることは、本書で示したように、まず、学習者の問題点をマクロな観点から把握して分析することであると考えられる。

　例えば、前章で示した結論の論述方法の問題については、結論というセクションの意義を理解した上で、その前段落までで示した議論を単なる要約ではなく「総括」する能力が求められる。また、引用が適切に行えるためには、他者の意見か事実かといった情報の峻別を行い、学習者自身の文脈への必要な情報の取り込みを、一語一句誤らずに厳密に判断できる、学術研究のため

---

22) なお、論文作成のためのライティング教育という枠組みでの研究ではないが、日本語の文章論の分野においては、従来から文章を構成する単位として、形式段落以外の文段や段といった単位が議論され、文章構造の分析が行われてきた。例えば、佐久間（1987；2000；2003）は、提題表現の統括という考え方に基づき、形式段落ではない「文段」あるいは「段」といった概念を提唱してきた。

第5章　大学院レベルの日本語学習者の文章における構成と論理展開に関する問題分析

の基礎的能力が必要である。これらは、個々の文法や表現のネイティブチェックといったレベルを越えた広い意味でのリテラシーにかかわる問題であると考えられる。

専門日本語ライティング教育の観点からは、学習者に対して、上記の分析に用いた観点、すなわち、1）目的と構造化、2）関連づけと意義づけ、3）厳密さと文体の最適化の3点から意識化を促すための学習活動が有用であると考えられる。

例えば、作成された文章を批判的に読み、学習者が、上記の観点から相互にコメントし合う等の協働的な学習活動を実施し、その効果を検証していくことも重要である。これにより、ライティング活動をも含めた研究活動の遂行に求められる態度の涵養が期待される。つまり、批判的な視点の獲得、すなわち、批判的な読みに用いる上記の分析基準3点の内在化、および、学術的活動には必須である他者との議論やコメントを受けて自身の研究成方法等を改善していく姿勢である。

そのような学習活動のプロセスやそこで認められた問題等を、さらに、専門日本語ライティング教育を担当する教師の研究活動にフィードバックする視点もあわせて重要であると考えられる。そういった日本語教育研究の方法論は、特に学習過程やライティング能力獲得過程について未確立な領域が多く、今後も多くの研究への取り組みとその成果の検証活動が求められる。

5.4　本章のまとめ

本章では、大学院レベルの学習者が作成した文章を対象として、マクロな視点から、論理展開や構成に関する問題分析を行った。まず、学習者の文章の問題点に関する先行研究を概観し、文章の構成や論理展開、そこにかかわる引用や表現の適切性の重要性についてまとめた。

次に、実際に学習者の文章の問題を、文章の構造や論理展開の観点から行い、かつ、「目的と構造化」、「関連づけと意義づけ」、「厳密さと文体の最適化」の3点に分けて分析を行った。それらの問題は、文章の構造や展開に関

5.4 本章のまとめ

する学習者の意識の欠如が原因であると考えられたことから、論文スキーマ形成のためには、上記の意識化が重要であると論じた。

　最後に、教育実践方法への示唆をまとめ、今後の課題を示した。

第6章　専門日本語ライティング能力の獲得を目的としたテキスト分析タスク活動 ―スキーマ形成を目ざして―

　第4章と第5章においては、学習者の作成した文章における問題点について、表現、文章構成と論理展開の面から分析を行った。それらの考察から、学習者の文章における問題は、個々の文法や表現の知識不足より、文章全体の構成や論理展開の問題の方が深刻であることを指摘した。

　第6章においては、そういった学習者の文章における深刻な問題は、学習者の論文スキーマ（後述）が十分に形成されていないことに起因しているとの考えに基づき、論文スキーマ形成を目ざして試みたライティングの授業実践について報告し、考察する。考察にあたっては、関連の概念となるスキーマとメタ認知方略に関する先行研究にも言及する。また、当該授業実践においては、テキスト分析タスクという、他者が作成した文章に対して評価を行うタスクを課した。以下では、そのタスクを通して学習活動中に示された、学習者の持つ文章評価基準を分析することによって、学習者の論文スキーマの有無や形成過程について論じることとする。

　なお、論文スキーマについての議論は、第6章と第7章で記述する授業実践にかかわる2つの調査に基づいて構成される。第6章では、上記のテキスト分析タスクにおいて学習者が示した文章評価基準を主たる対象とし、第7章では、授業実践中における学習者の発話によるコメントを対象として、それぞれ論文スキーマについて論じる。

6.1　調査の目的と概要

　本章における調査の目的は、学習者の専門日本語ライティング能力の獲得

第6章 専門日本語ライティング能力の獲得を目的としたテキスト分析タスク活動

を意図した授業において、論文スキーマ形成過程の一端の記述を試みることである。

はじめに、学習者の論文スキーマに関連する先行研究に言及し、次に、ライティングの授業実践について説明した後、学習者に対して実施した調査の概要を示す。

続いて、専門日本語ライティング能力の獲得をめざした「テキスト分析タスク」という学習活動を用いた授業実践について、目的、背景および方法を説明する。さらに、当該学習者の学習活動に関して調査分析を行った結果、学習者が、スキーマ形成に関して「成功者」と「未成功者」に分類されることを示し、「成功者」の背景要因と論文スキーマ形成との関連について考察する。そこで得られた知見をもとに、新たな学習活動のあり方および必要な学習リソースについて検討する。

6.2 ライティング活動を通じた論文スキーマ形成

本節では、日本の大学で学ぶ研究留学生の専門日本語ライティング能力の養成に資する「テキスト分析タスク」（詳細は後述）の有効性を検証し、その結果から、特に、論文スキーマの形成を促すためのリソースと学習活動方法を提案することを目標とする。

なお、上記の研究留学生の背景について言及しておく。ここでの研究留学生は、在学の身分は研究生であり、基本的に、母国か外国の大学を卒業しているものの、まだ日本の大学院には進学していない。理系分野ではいわゆる研究室に正式メンバーとしては所属していない段階であるため、自身の本格的研究活動を開始していない状況である。ただし、後述するように協力者16名のうち、例外的に、大学院の修士を修了している1名は今後日本の大学の博士後期課程に入学する予定ではあるが、日本語能力が十分ではないため、研究生として日本語を学習中である。

以下では、まず、本書における「スキーマ」に関する背景について関連の先行研究を引用し、さらに、本書の議論に関連の深い「メタ認知方略」につ

いても言及した上で、「論文スキーマ」について位置づけをはかる。

6.2.1 関連概念としての「スキーマ」

　スキーマ（schema）という表現は、現在、心理学、心理言語学、テキスト言語学、人工知能、異文化間コミュニケーション論等、多様な専門分野において用いられている。元来、スキーマは、1932年に心理学者のF.C. Bartlettにより提唱された概念であり（Bartlett 1932, 西田 2000, Johnson 1998, 都築 2010）、「過去の反応や過去の体験が組織化されたもの」（Bartlett 1932, p. 201）〈訳は西田 2000, p. 216〉）と考えられている。特に1970年代から1980年代にかけて、スキーマは、「人工知能（AI）の研究で注目を浴び、その後、談話分析や読解研究にも強い影響を与えた」（林 2003, p. 313）とされ、その後、種々の分野で活発に研究されることとなった。

　本書でのスキーマの定義としては、心理言語学の考え方に近い「学習者の有する知識構造の抽象的な構造体」とし、また、人間の記憶や知識は、「この種のスキーマの集合体（上田 2003, p. 530）」と考えられるという解釈に従うこととする。関連して、異文化間コミュニケーションの枠組みでスキーマを捉える西田（2000, p. 236）は、Nishida (1999) を引用し、スキーマ形成に関する調査・研究が、次のような人間行動の特徴を説明していると考えられると述べている。

　　公理：スキーマに基づいた行動を繰り返せば繰り返すほど、スキーマは
　　　　　人間の記憶システムの中に貯蔵されやすくなる。

　この公理は、本研究で扱う「論文スキーマ」にも関係すると推測される。本研究での「論文スキーマ」は、後述するように、「研究とは何か、論文とは何か」に関する概念知識の総体であり、したがって、研究や論文に関する知識的なものも、論文執筆を含む研究活動における手続き的なものも広く含むものとする。例えば、論文スキーマのある学習者は、論文というジャンルと他の文章ジャンルとの差異、引用と剽窃の違い、あるいは研究を遂行する

際の文献収集や、論文執筆の際のアウトラインの作成や推敲作業といった、多様な場面で必要な行動や抽象的な概念を、単に知識として有するだけでなく、それらに基づいた行動を何度も繰り返し経験を増やすことで、一層スキーマ形成を確実なものにすることが可能であると考えられる。

換言すれば、大学院レベルで専門日本語ライティングを学ぶ学習者が、その過程において、意識的にトレーニング的な学習活動を継続することで、ライティングの経験を蓄積し、徐々に論文スキーマを形成するに至ることが期待されるわけである。こうしたスキーマが形成されていけば、第4章で言及したSwales（1990）のディスコース・コミュニティにおいて、所属メンバーの社会的に共通した目的を達成するために発信する論文等のジャンルにパターン化が見られることも、論文スキーマが無い場合と比べて、容易に理解しやすくなると考えられる。

なお、論文スキーマ自体の詳細な下位区分、および日本語学習者の母語や過去の教育文化の背景といったレディネスが論文スキーマ形成に及ぼす影響については、十分な検証が行われているとは言いがたく、今後の研究を待たなければならない。

しかし、論文スキーマの存在を前提に、学習者のライティング学習過程を観察する重要な観点として、同スキーマの形成あるいは獲得に注目することは、成功者としての学習者の特徴を明らかにするために有用である。同時に、成功者とは言えないケースの問題点を把握することにより、今後のライティング教育の開発に貢献する知見が得られるものと期待される。

以上のような考えに基づき、次の6.2.2では、さらに関連概念として「メタ認知方略」について説明を加える。その上で、6.2.3では、論文スキーマの形成に関連する先行研究を概観し、本研究の位置づけをはかる。

6.2.2 関連概念としての「メタ認知方略」

メタ認知方略（Metacognitive strategies）は、O'Malley & Chamot（1990）やOxford（1990）等が提唱した学習方略の1種であり、「学習を進める上で司令塔的な役割を果たし」、「学習プロセス全体の円滑化を図る上で非常に重要

なストラテジー」(大学英語教育学会 2005, p. 34) である。これは、学習に関する計画 (Planning)、モニタリング (Monitoring)、および評価 (Evaluation) 等を下位方略として含む (竹内 2003, p. 57)。

Oxford (1990) は、竹内 (2003) が指摘するように、コミュニケーション方略群まで含めた 62 項目もの、かなり網羅的な分類を行っている。ここでは、ライティング能力の獲得に関わる学習方略の一つとしてのメタ認知方略に焦点を当てるため、O'Malley & Chamot (1990) を取り上げる。

O'Malley & Chamot (1990) は、認知心理学者の Anderson (1982) の考え方を援用して理論的枠組みの中に方略を位置づけようとした。すなわち、「知識」を「宣言的知識」(Declarative Knowledge) と「手続き的知識」(Procedural Knowledge) に分類した上で、方略を後者に属するものとした (Anderson 1982, 竹内 2003)。

次の表 6-1 には、O'Malley & Chamot (1990) が示した学習方略の一覧から、メタ認知方略群の定義部分を抜粋する。

なお、メタ認知方略以外の学習方略は、認知方略群 (Cognitive strategies) および社会・感情方略群 (Social/Affective Strategies) である。前者は、例えば、練習 (Rehearsal)、推測 (Inferencing)、演繹 (Deducing)、転移 (Transfer) 等を含み、後者は、他者との協力 (Cooperation) や感情コントロールのための自己対話 (Self-talk) などを下位方略として含んでいる (以上、日本語訳は竹内 (2003))。

第6章 専門日本語ライティング能力の獲得を目的としたテキスト分析タスク活動

表6-1 O'Malley & Chamot の学習方略におけるメタ認知方略群

Generic strategy Classification	Representative Strategies	Definitions
Metacognitive Strategies	Selective attention	Focusing on special aspects of learning tasks, as in planning to listen for keywords or phrases.
	Planning	Planning for the organization of either written or spoken discourse.
	Monitoring	Reviewing attention to a task, comprehension of information that should be remembered, or production while it is occurring.
	Evaluation	Checking comprehension after completion of a receptive language activity, or evaluating language production after it has taken place.

(O'Malley & Chamot 1990, p. 46)

　一般に研究や論文執筆という活動においては、計画、モニタリング、および評価は、非常に重要な方略である。これらの方略を活用して何度も繰り返す過程を経て、研究や論文が完成に至ると考えられる。専門日本語ライティングの学習活動にとっても同様であり、完成に至るまでの過程を意識的に捉えることが肝要である。

　後述するように、専門日本語ライティングの成功者と考えられる学習者は、自身の作成した文章だけでなく、ライティング学習を客観的にモニターし、狭義の外国語学習としてではなく、学習全体を包括的に捉える視点をも有している。成功者の場合には、こういったメタ認知方略の活用が十分に行われているものと推測される。

　以上、本章での主要概念である「スキーマ」と「メタ認知方略」について、先行研究に言及した。以下では、さらに、本書での重要な概念である「論文

スキーマ」に関する先行研究を概観し、本研究の位置づけをはかる。

6.2.3 「論文スキーマ」形成に関する先行研究の概観と本研究の仮説

まず、因・村岡他（2008）においては、他者が作成した文章への評価を行い、コメントを出し合う「テキスト分析タスク」活動を含む日本語ライティング授業を15週間実施し、1）終了時の自己修正課題（学期当初に作成した文章の修正）とアンケート、2）受講実績がほぼ100％の学習者6名に対して行った他者の文章への評価、3）自己学習に対する評価のインタビュー調査、の3種の調査結果から、テキスト分析タスクの有用性を検証した。

上記のインタビュー調査においては、授業の出席率がほぼ100％で全課題を提出した学習者について、「文章評価能力」と「自己の学習への認識」を観察した。その結果、上記タスクは個別的な言語知識ではなく、論文構造スキーマ（研究成果を公表する論文の文章はどうあるべきかの知識の総体（因・村岡他 2008, p.29）の意義を学習者に認識させることに寄与したと考えられ、従来の表現・構成のモデル提示型教材を補完する一方法として有効である可能性が示された。

本書では、表現や構造に加えて、論文執筆を含む研究活動についても言及する点を重視して、先述したように広く「論文スキーマ」と呼ぶこととする。

本節では、上記調査の結果に続き、より多くの調査協力者である学習者に対して、学習者の1）在学段階、2）母語、3）過去のアカデミック・ライティングの経験、4）研究室での研究環境、といった学習にかかわる複数の背景要因を考慮し、授業期間終了直後に実施した文章評価と授業に関するインタビュー調査の結果を分析する。

学習者自身の多様な背景要因は、実際の学習方法や外国語学習観に影響を与え得るものであり、記述の価値があると考えられる。分析に際しては、それらの要因を考慮しつつ、スキーマを有するか形成途上であると観察される学習者の特徴を分類する。

以下、さらに関連の研究に言及する。

竹内（2003）等で示されているように、英語教育学においては、学習の成

第6章　専門日本語ライティング能力の獲得を目的としたテキスト分析タスク活動

功者は学習の特性や自分の学習過程を理解する方略を持つことが観察されていることから、スキーマ形成を促すには、学習者がメタ認知方略を内在化することが重要であると考えられる。また、竹内（2003）では、形式やルールを意識的に学ぶことや、学んだ形式の具体的使用をルールや文脈に照らし合わせて検討し、その形式の正しさを確認することの重要性も指摘されている。

村岡・因・仁科・米田（2009）、村岡・因・仁科（2009）、村岡（2010b）においても、多様な背景の学習者には、それぞれメタ認知の程度に明らかに違いのあることが観察された。未知の漢字語彙や文法に捉われずに、文章の構成、文体および表現の厳密さ等に着目して適切に文章評価を行う学習者は、自身の学習過程をモニターし、日本語能力の向上を客観的に分析していた。

そういった成功者のケースとは対照的に、村岡（2007b）、および因・村岡他（2007：2008）においては、モデル文を表層的になぞることはできても自らの見解を論理的には記述できない学習者や、自身で文章作成を行う技能を獲得していないために、安易に無断転載してしまう学習者も見られた。論理的記述が困難、あるいは安易に無断転載する、といったケースの問題は、因・村岡他（2008）が指摘するように、文法や語彙等の言語知識の増加では解決されず、学習者のスキーマ形成を促進する他の指導法や学習支援方法を開発する必要があると考えられる。

本書では、他者の文章への評価の適切さによって論文スキーマが十分に、あるいは、ほぼ形成されていると考えられる学習者と、そうではない学習者の特徴を、インタビュー調査の結果から分析する。前者を「成功者」、後者を「未成功者」と呼ぶこととする。その上で、「成功者」が持つ特徴を抽出した結果を文章作成過程のプロトコルとし、教師、学習者、および学習者の支援者のためのリソースに活用する試案を検討する。

本研究では、次の図6-1の通り、学習者のライティング能力の獲得過程では、文章が正確に理解でき、文章評価能力が一定以上に高まり、かつ、自己の学習へのメタ認知の向上が進歩を促すとの仮説を提示する。

以上の仮説をもとに、ライティング能力を獲得する一方法として、構成の巧拙や論理・表現の厳密さを基準として評価する能力を高めるための比較や

分析のタスク、および論文スキーマへの意識や自己学習へのメタ認知を深める刺激として成功者コメントの利用を意図している。これらは、従来型教材の文章モデル提示方法のみでは進歩が困難な者の学習を支援し、また「成功者」やそれに近い学習者の一層速やかな向上を支援すると期待される。

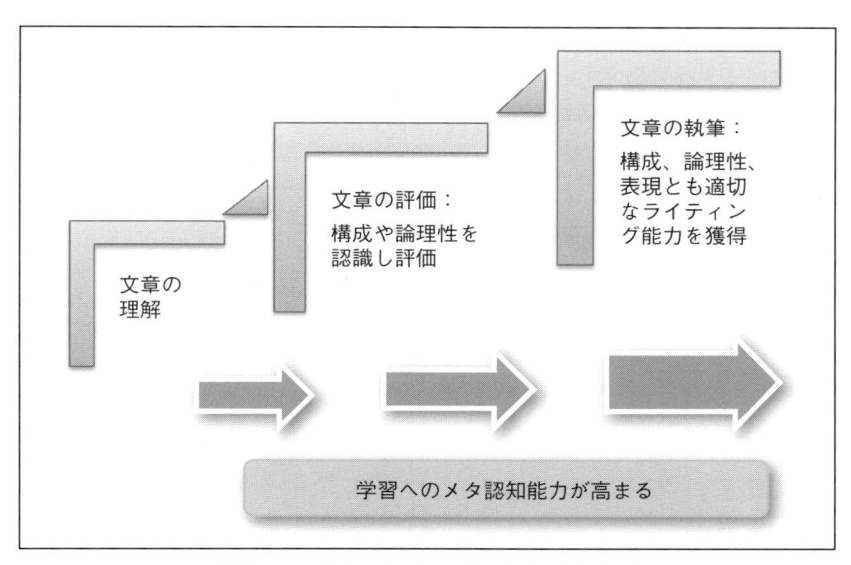

図6-1 ライティング能力獲得過程の模式図

6.3 テキスト分析タスクを用いた授業実践

　授業の目標は、研究活動に必要な文章の特徴を理解し、短い報告文の作成ができるようになることである。授業は、2008年10月から2009年2月、および2009年4月から7月までの各々15週間を1期として週2コマ（1コマ90分）実施した。

6.3.1　使用教材等のリソース
　授業で用いたリソースは次の3タイプに分類できる。

第 6 章　専門日本語ライティング能力の獲得を目的としたテキスト分析タスク活動

(1)　市販教材
(2)　各種学会誌に掲載された論文や執筆要領等の生教材
(3)　オリジナル教材

以下、これらの使用方法について説明を加える。
　まず、(1)の市販教材は本書第 2 章で示した『大学・大学院留学生の日本語② 作文編』(アカデミック・ジャパニーズ研究会編著 2001) である。これは、2 コマの授業のうち 1 コマを使ってレポートや論文で用いられる一定の表現や文章の論理構成の学習のために活用した。また、この教材には各課に表現や構成の例と説明があり、課の最後には文章作成課題が掲載されている。その課題を毎週の宿題に用いた。この課題は基本的に、400〜600 字程度[23]の 3 段落構成を中心とした、各段落の内容の枠組み（例：問題点の指摘、意見等）がある程度示されたものである。この宿題は毎週決まった曜日の時間（授業日から数えて 4 日目の晩）を締め切りとし、E メールによって添付の文章ファイルを教師に送付するよう指示されていた。
　次に、(2)の生教材は、実際の種々の分野の学会誌に掲載された原著論文、投稿規程および執筆要領の各例である。これらを授業で用いた目的は、次の 3 点である。

1)　基本的にアカデミックな文章に求められる厳格な書式等の執筆要領やマナーを、具体例から学ぶこと
2)　序論を例として、典型的にあるいはよく用いられる表現（例：序論部最後の「そこで本研究では」）や構成を論理展開の中で確認すること
3)　学習者が自身の専門分野の学術雑誌の情報を広く集める契機とすること

---

[23] 第 2 章と第 5 章で言及したように、学習者の判断で、テーマへの関心度や議論の必要性に応じて、所定の文字数を超えて柔軟に、文章作成を行ってもよいと指示されている。

6.3 テキスト分析タスクを用いた授業実践

　これらの生教材を用いた後、学習者には、各自の専門分野の学術雑誌を探し、同様に投稿規程や論文の序論における表現の分析を行うことを宿題とした。翌週にはクラスにその結果を持ち寄り、学習者が相互に学会や学会誌の事情を比較して、自身の分野の事情を意識化することとした。このようなタスクは、各自の研究活動で必要となるライティングのための基礎的な知識獲得の一助となることが期待された。

　さらに、(3)のこのオリジナル教材は、課題として学習者が作成した文章を教師が編集したり、種々のタスクを掲載したりした教材で、毎週の授業で活用した。なお、授業最終日に、教師は、学習者全員分のレポートを「最終レポート集」として編纂し、学生全員に配布した。

　3つ目のオリジナル教材についてさらに具体的に説明を加える。

　オリジナル教材は、ほぼ毎週フィードバックのために学習者の文章を編集してタスクを加えたもので、「テキスト分析タスク」（付録の**資料1**に例示）と名づけた。これは、上述のように、学習者が宿題として毎週Eメールの添付ファイルにより提出した文章を材料として、その中の表記や文法的な誤用の多くは教師が修正し、各段落あるいは全文の記述例として数名分ずつ集めて編集したものである。

　このタスクは翌週の授業の最初に、クラス全員で、内容、表現、および論理展開の観点から、添削し合う目的で用いた。この学習活動の目的は、他者の文章やそこに示されている観点から学ぶという学習ストラテジーと批判的に読む視点の獲得である。特にねらいとした点は、学習者が文法や表記の誤用にとらわれず、内容と論理展開、および、それを支える各種表現に注目して、相互に他者の文章を批判的に分析できるようになることである。

　なお、学習者個々人に対して添削後に返却した宿題には、彼らが自身で推敲可能な文法や表記に関する部分を、下線を引く等して知らせるのみで、必ずしも教師が全てを訂正したわけではない。

　以上の教育実践の諸活動に先立ち、学習者全員に対して、学習者が作成した文章は、個人情報保護には細心の注意を払い、教育・研究上の資料に用いる場合がある旨十分に説明し、書面で了解を得てある。

6.3.2 授業方法

「テキスト分析タスク」は、先述したように、提出された未添削の文章の一部を、教師が200～300字程度の段落ごとに抜粋して編集した模範例や問題を含む例を用いて、学習者全員が種々の観点から文章の適切性を検討し合う活動である。

「テキスト分析タスク」は1タスクにつき、平均30分前後を費やした。学習者はタスク中の文章例を読んだ後に、表現・構成・論理展開等について自由にコメントを述べ合った。学習者からの質問は、可能な限り他の学習者に検討させた。このタスクの後に添削済みの個々の文章課題を返却し、各自が添削部分を読んで、20分程度再検討を行った。その間、教師は学習者の検討に伴う個別の質問に対応した。

授業の翌週には、学習者には、上記の添削とタスクを受けて作成した修正版を提出させた。すなわち、この授業の毎週の課題は、新たな文章と前週の修正版の作成の二つである。なお、学期末には、各自の専門分野のテーマで5,000～7,000字の最終レポートを作成させた。さらに、最終授業では、自己の変化に対する認識の深化を意図して、学期当初に作成した未添削状態の文章を学習者自身に修正させた。

6.4 調査の概要

調査は、先に示した2期15週間ずつの授業期間の終了直後において、全学習者に同様の方法で実施した。因・村岡他（2008）のデータを調査(1)とし、その後実施した2期分の調査をそれぞれ、調査(2)、調査(3)として、表6-2に概要を示した。これらの調査の目的は、テキスト分析タスクを含む授業方法の有効性を検討することである。いずれのデータも、次の3点を含む。

(1) 異なる文体・構成の3文章（付録の**資料3**, 3-1, 3-2, 3-3に掲載）の評価
(2) 授業と自己評価活動についてのアンケート（付録の**資料4**に掲載）

6.4 調査の概要

(3) 上記の2点をもとにしたインタビュー調査の結果

　調査協力者は、受講者のうち、出席率がほぼ100％で全課題を提出した合計16名の学習者である。表6-2には協力者の母語、在学段階、専攻の属性別人数を示した。16名のうち、12名が非漢字圏、4名が漢字圏の学習者であった。漢字圏学習者のうち1名は大学院生である。また、全体の16名のうち14名が修士課程進学を目指し、うち1名は修士号保持者で博士課程進学を目指す、各々研究生である。彼らの日本語能力は、学期当初に行われた筆記試験と面接で同じ日本語レベルのクラスに配置されると判断されており、全員が中級前半から後半である。
　以下、表6-2のIDを用いて結果を示す。

表6-2　調査協力者の属性と人数

調査	母語背景※	在学段階	専攻	人数	合計	学習者ID
(1)	非	研究生	文系 理系	2 4	6	S1-S2 S3-S6
(2)	漢	研究生 博士後期大学院生	理系	3 1	4	S7-S9 S10
	非	研究生 修士号有研究生	文系	1 1	2	S11 S12
(3)	非	研究生	文系 理系	1 3	4	S13 S14-S16

※漢字圏学習者は「漢」、非漢字圏学習者は「非」とする。

　インタビュー調査では、調査(2)(3)とも、授業終了後の3日間に1名につき40分前後で半構造化インタビューを行い、事前に学習者の許可を得て録音し、文字化した。インタビュー調査は2種類の課題について行った。
　まず、一つは、スキーマの形成や活用度を観察するために、授業で用いな

第6章 専門日本語ライティング能力の獲得を目的としたテキスト分析タスク活動

かった3種類の、内容がほぼ同一で、表現・文体の簡潔性や論理の明快さが異なる報告文（付録の**資料3**）を、予め辞書を用いて読んでもらい、レポートとしての適切性の判断とその根拠を尋ねるものである。

これら3種の報告文〔1〕〔2〕〔3〕の差異は、後述するように、次の2点に関して存在するものである。

 （a） 形式的・内容的構成
 （b） 論理展開の明晰さ・表現の適切さ

まず、(a)「形式的・内容的構成」は、形式面・内容面ともに文章の全体的な構成が整っていることである。次の、(b)の「論理展開の明晰さ」は、単なる情報の羅列ではなく、記述された情報に対する意義付けがなされ、部分と部分との関係が一義的に把握できること、さらに、「表現の適切さ」は、文末文体が適切であり、かつ、中立的で厳密に記述されていることである。

付録の**資料1**の報告文〔1〕は、協力者とは関係のない、ある学生が書いた、加筆修正を施していないそのままの文章であり、上記の(a)形式的・内容的構成、(b)論理展開の明晰さ・表現の適切さのいずれも不十分な例である。

次に、報告文〔2〕は構成面を中心に教師から指導を受けて学生本人が修正した例であり、上記a)のみが適切で〔1〕同様に丁寧体の例である。

また、〔3〕は教師が表現をより厳密にして〔2〕を全面的に修正した、上記a) b) とも最も適切な例であると考えられるものである。

なお、調査時には、完成度の高低を暗示する番号や記号を避けて、各文章を「雪・月・花」と呼び、適宜ふり仮名を付けた。

もう一つの課題は、テキスト分析タスクに関するアンケート（付録の**資料4**）の回答に基づいてその根拠や背景を尋ね、合わせて学習への一般的認識や経験についても語ってもらったものである。これにより、学習方略や学習へのメタ認知を観察した。

6.5 結果

3種の報告文の評価結果およびそのコメントから、学習者のスキーマ形成の成功の度合いを判断した。学習者が判断基準としている要素、および、それに関する認識を分析し、かつ、彼らの学習に対する意識について、表6-2に示した個人的背景要因を考慮しつつ検討し、「成功者」と「未成功者」の違いについて検討した。

6.5.1 報告文への評価から観察されたスキーマ形成

アンケートとインタビュー調査の結果、協力者16名の学習者のうち、漢字圏S7、S8および非漢字圏S1以外の合計13名は、報告文〔3〕が最も適切な報告文であると回答した。13名のうち非漢字圏のS3とS13は「自身の日本語能力では〔2〕が最もわかりやすいが、報告文としては〔3〕が最も適切」であると明確に述べた。13名の中にはこの2名よりも日本語能力が低い学習者も含まれていた。このように、学習者が、文章評価の際に、自身にとっての文章読解のしやすさとは別の基準によって判断を行っていたことは注目に値する。

また、〔3〕を選んだ13名のうち4名は、「である体」文末等の部分的特徴のみを判断の根拠とし、全体的な構成や論理展開への言及がなかったことから、文章評価においては表層的な表現の把握にとどまっていると考えられた。その結果、9名を「成功者」、7名を、成功者という段階にはまだ達していない学習途上の者という意味で、「未成功者」と判断した。

一方、報告文〔3〕を適切であると判定しなかった3名は、漢字系2名と非漢字系1名であった。3名とも、未知の漢字や語彙、名詞修飾等の文法に意識が集中し、文章の主旨を十分に把握できていなかった。成功者と未成功者の内訳を、次の表6-3に示す。

第6章　専門日本語ライティング能力の獲得を目的としたテキスト分析タスク活動

表6-3　調査協力者の成功者と未成功者の内訳

成否＼背景	学習者 ID	在学段階	母語背景※	合計
成功者	S2, S3, S5, S11, S13, S15, S16	研究生	非	7
	S12	修士号有り研究生		1
	S10	博士後期大学院生	漢	1
未成功者	S1, S4, S6, S14	研究生	非	4
	S7, S8, S9		漢	3

※漢字圏学習者は「漢」、非漢字圏学習者は「非」とする。

　次に、16名のコメントから得られた学習者の評価基準と学習者の文章評価能力を、表6-2に示した多様な背景を考慮しつつ分析した。学習者の評価基準を、前述のa) 形式的・内容的構成として文体、構成、文の長さと段落のサイズ、b)論理展開の明晰さ・表現の適切さの各々に分けて記述する。

6.5.2　学習者の持つ評価基準
(1)　文体

　報告文〔3〕が最もレポートらしいと判断した学習者の多くが示した根拠の一つは、普通体文末であった。これは〔3〕のみに用いられており、文章の形式面における一つの大きな手がかりであった。レポートや論文に適した「である体」は、先に示した、授業で用いた市販教材の前半の課にも明示されており、また、今回の調査の場合にも、学期当初の授業において、アカデミック・ライティングの基本として指導された学習項目である。

　アカデミックな文体は、日本語能力が中級レベルの学習者にとって、当初は必ずしも慣れないものであり、しばしば普通体と丁寧体が部分的に混在する文章を作成することがある。そのような時期が約1か月程度、存在していた。しかしながら、報告文〔3〕を選ばなかった3名も、文章作成課題では

6.5 結果

基本的には普通体を用いていた。それにもかかわらず、この3名において文体への言及がなかった原因には、漢字や表現の難解さに集中して、アカデミック・ライティングにおける、ごく基本的な文体の特徴に意識が及ばなかったことが推測される。この3名は、インタビューにおいて、未知の漢字や表現に言及することで、文章の難解さを判断していたことから、上記のような結果になったと考えられる。

　最もレポートらしいと判断された報告文〔3〕の文体に対するコメントには、以下のような具体例が見られた。

　　「フォーマルな文章」
　　「アカデミックなスタイル」
　　「洗練されている」
　　「見ると、きれい」
　　「（他の文章より）専門的みたい」
　　「信頼できそうな情報があるよう」

　以上は、単にレポートの要件として記憶された規則への言及ではなく、この文体の使用を、文章の内容と関連させて、それに適合した特徴として捉えているものと評価できる。

　報告文〔2〕と報告文〔3〕の二つの文体差に言及した者は少ないが、〔2〕が「メールのような文体」で〔3〕が「レポートの文体」、〔2〕は「話しことばらしい」という指摘があった。

　報告文〔1〕に対して、S3とS4は「語彙がわかりやすく日記のような文体」と好意的に捉えたコメントも述べていた。ここには、学習者における自身にとってのわかりやすさを優先したい気持ちと、文体に対する的確な判断とが共存しており、進歩の過程にある学習者の実態がうかがわれる。

(2)　構成

　レポートらしさの根拠として多く言及されたもう一つの特徴は、情報の配

第 6 章　専門日本語ライティング能力の獲得を目的としたテキスト分析タスク活動

列である。特に a）形式的・内容的構成にかかわるものである。中でも、主題文の所在がわかりにくく段落もない報告文〔1〕と、情報が整理された報告文〔3〕は、学習者には対照的に認識されていた。例えば、S12 が〔3〕の「最もいい」特徴とした点は、序論と本論がある構成である。この S12 は、その構成を認識した後で、文章の文末表現が普通体で適切である点にも気づいた。このことから、文章を読み進めていく過程において、構成の適否は、文体や表現等の他の特徴に比べて比較的優先的に注意が向けられやすいことが推測される。

　報告文〔3〕の構成へのコメントは、次のようであった。

　　「わかりやすい」
　　「序論に考え方の順番を示している」
　　「タイトルや小見出しがある」
　　「全体の結合関係がわかる」
　　「話題別、段落別に中心文が書かれている」
　　「報告書として一番整理されている」
　　「合理的に部分が分けられている」

　一方、報告文〔1〕については、その構成の不十分さを、ほとんどの学習者が否定的に評価した。この文章の「語彙がやさしい」ことを評価した学習者も、そのことが、構成の不備のために全体的な明快さには結びつかないと認識していた。コメント例としては、次のようなものが提示された。

　　「『私の観点』から書かれている」
　　「序論部分がなく、（内容的に）2 つのことを認識することができない」
　　「全部を読まなければ、意味がわからない」
　　「1 つの段落に多くのことを書いている」
　　「いろいろなものが混ざっている感じ」

6.5 結果

つまり、上記の多くの学習者は、評価対象となった文章の書き手が読み手への配慮を意識せずに、文章の構成や段落において、客観的には整理して書いていなかったという問題点を、否定的に表現したものと考えられる。

(3) 文の長さと段落のサイズ

調査協力者の半数に相当する8名(S1、S2、S3、S4、S5、S7、S12、S13)から、報告文〔1〕と報告文〔3〕に集中して、文の長さと段落のサイズについての指摘があった。この8名は長い文を一律に悪いとするのではなく、長くても読みやすい場合があることを知っていた。つまり、文の長さと段落のサイズを、単純な量的判断ではなく、読みやすさと関連づけていることが注目された。学習者からは例えば、次のようなコメントが提示された。

「〔1〕は1つの段落に多くのことを書いているから分けたほうがいい」
「〔1〕はとても長い」
「〔3〕は〔2〕より1段落のサイズがよい」
「〔3〕は長い文もあるが、コンマを使っているので、文の部分がわかる」

以上のコメントを述べた学習者は全員、文体と構成についても次の3点を指摘していた。

(1) 文および段落の各機能
(2) 文と段落の各々への情報量配置の適切性
(3) 上記2つの観点から見た文章の全体と部分との関連づけ

すなわち、以上のコメントを述べた学習者達は、上記の3点が比較的よく意識されているものと判断される。

なお、単に1文が長いか短いかといった判断は、成功者でなくとも、ライティング学習の比較的初期の頃から、機械的に判断して指摘することは可能である。また、授業中に成功者がそのような文の長短を指摘することにより、

以降のテキスト分析タスクにおいて、成功者ではない学習者も、評価基準として文の長さを意識して言及できるようになったという変化も指摘できる。しかし、今回の上記の結果からは、成功者は、内容や読みやすさと関連づけた上で文や段落の長さの判断を行っているということが明白であった。つまり、そのことは、成功者と未成功者との明らかな差異であると考えられる。

(4) 表現の厳密さと論理展開の明快さ

　表現の厳密さと論理展開に関する問題を指摘した学習者は、8名であった。彼らは、小見出し、時間表現、接続表現等の厳密さや簡潔さ、また関連して、論理展開上の明快さについて指摘した。以下に例示する。
　Ｓ３とＳ４は、報告文〔２〕と〔３〕の下記のそれぞれの小見出しを比較した。

　　〔２〕「Ａ学生との<u>交流を通して</u>」
　　〔３〕「Ａ学生との<u>コミュニケーション</u>」　　　　　　（下線は引用者）

　比較の結果、彼らは〔２〕が「交流の何を説明するかわからない」という理由で、もう一方の〔３〕の明快性を指摘した。
　続いて、Ｓ４は、報告文〔２〕の「何年間か前に」を、報告文〔３〕の「2005年に」と比較して、後者の厳密さを指摘した。
　また、Ｓ８とS16は、「まず」、「次に」等の接続表現が論理展開を示して段落間の関係を明確にしたと述べた。
　さらに、S13は報告文〔２〕の「〜についてですが」という表現が冗長でレポートらしくないと指摘した上で、それと比較して報告文〔３〕は、「必要なことだけ書いて、いらない情報がないと思う」と述べてその簡潔性を評価した。
　同様に、Ｓ５とS12は、文章中の例示としての「flour」の説明が長すぎて冗長であるとし、「このような文のスタイルは初めて見た」と述べた上で、従来読んだ経験のある文章が、報告文〔１〕とは異なる文体であったことを

6.5 結果

強調した。

　S11、S13、およびS16は、報告文〔2〕に対しても否定的な評価を下した。次のようなコメントが提示された。

　　「会話のようで書いた人の気持ちが入っている」
　　「言葉や漢字がわかりやすいが、中学生レベルだと思う」
　　「対象を客観的に見なかった問題がある」
　　「文章表現が冗長である」

　以上のコメントを行ったS11、S13、およびS16の3名は、それぞれ次のような学習背景があった。

　(1)　英語母語話者で大学入学前からアカデミック・ライティングの学習経験がある。
　(2)　英語圏の大学への留学経験がある。
　(3)　英語圏への留学経験者で、専門分野が英語に関係する分野である。

　上記のうち、2）と3）の背景がそれぞれ該当する、英語母語話者ではないS13およびS16の学習者も、英語能力には自信があり、そのうち1名は、本人の指導教員にもその点が高く評価されて、翻訳を依頼された経験も有していた。

　上述の報告文〔2〕の表現や文末文体に関する指摘は、「規則への違反」を、表面的な特徴を手がかりに判断しているのではなく、表現の明快さや厳密性が、概念整理の完成度と関連することを理解した上で批判していることを示している。この3名の、英語によるアカデミック・ライティングの経験を有する背景は、日本語の文章評価における種々の面で重要な影響を与えている可能性が考えられる。

第6章 専門日本語ライティング能力の獲得を目的としたテキスト分析タスク活動

6.6 考察

　以上の結果から、ここでは、上述のa）形式的・内容的構成、b）論理展開の明晰さ・表現の適切さを、双方ともに適切に判断できた学習者、すなわち、表6-2に示した9名の成功者のコメントをまとめて分析し、成功者の特徴を探ることとする。

　以下では、まず、彼らの文章評価基準における特徴を概観し、次に、専門分野への意識、および、テキスト分析タスクによる授業へのコメントを含め、外国語学習に対する考え方について考察を行う。

6.6.1　適切な文章評価基準

　成功者は、調査対象の文章を十分に比較・分析した結果、各々の特徴を明確に言語化していた。彼らは、文章の構成や論理展開、表現のあらゆる箇所を捉えて、それらが複合的に生み出す厳密さ、客観性、簡潔さ、および明快さに関する各自の基準を活用し、具体例に即して問題点が明示できる段階に達していたと言える。

　これとは対照的に、未成功者は、コメントの質が異なり、自身が持つ漢字や文法等の辞書的知識に依拠した表層的な評価しか行えなかった。

　9名の成功者は、容易に把握できる表現や文法といった「部分」における、単なる難易度では測れない対象に言及していた。つまり、成功者は、文章全体を通して把握可能な文体印象を述べ、また、部分と部分、あるいは部分と全体との関係を、構成や論理展開として捉え、さらに、学術的な論述に必須の厳密性も指摘できていた。

　成功者は、未成功者7名に比べて、文体、構成、視点、表現等、多くの基準を有しており、しかも、それらの相対的重要度の違いを認識していた。換言すれば、評価対象となる複数の文章の読解を十分に行い、その上で、それらの文章を分析あるいは比較する目的に合致した適切な評価基準を有し、活用できていたと言える。中でも彼らが最も重要と考えていた基準は、文章全

体の主旨を正確に理解するための構成と論理展開、つまり、個々の段落や部分が全体の主旨に収斂することである。この点は、漢字や文法の難易度、未習か既習か等にかかわらず、文章評価における最優先項目であると認識されていた。

　なお、この点に関しては、9名の日本語能力は一様ではなく、漢字や文法、語彙といった彼らの言語知識の多寡が文章評価に影響していたとは言えない。例えば、漢字語彙の理解が比較的困難なS5は「漢字は辞書を引けばわかること。私にとって大切なのは文章の中のトピックセンテンスがわかること」と述べていた。このように、成功者は、文章を構成する局所的な表現の問題が原因で文章理解に支障を来たすことは、基本的には見られなかった。成功者は、不明な点については読み飛ばすか適宜辞書で調べ、また、読点の位置や他の言い換え表現も活用しながら、文脈全体から内容理解を試みようとする姿勢が顕著であったと考えられる。

6.6.2　専門分野への意識

　成功者は、日本語学習から過去の専門分野での学習経験やキャリアを連想し、対比して自身の現状を分析したり、また、研究上必要な論文等の日本語の文章を意識して文章作成を試みたりしていた。つまり、彼らは、日本語によるライティングの学習を、専門分野の研究活動や、過去における社会人としての実務経験等と関連付けて捉えていた。このような考え方は、語彙や文法の機械的な暗記学習が目標言語能力の向上に直結するといった学習観の対極にあるものである。

　例えば、博士後期課程在籍中のS10は、報告文〔3〕が「毎日研究室で読む論文や報告書と同じ文体だ」と語った。同じくS2は、報告文〔3〕を読み、客観的な表現や適切な構成が必要であることから、母国で仕事上よく作成していた報告書の文体に類似していると述べた。さらに、S15は学部時代に受けたアカデミック・コミュニケーションに関する授業を想起し、理系分野の文章を強く意識していた。その上で、S15は、自分に必要な文章は「分け目なく流れるような文章ではなく」、「部分に分かれた内容が一つにまと

まった文章」である旨、明確に説明していた。これらのコメントや説明は、表現や構成の自由度が論文のそれより比較的高い、文学的な他のジャンルの文章とは異なる特徴を十分に認識している証左であると考えられる。

このような日本語の授業以外の経験と関連づけた文章評価コメントは、報告文〔3〕が適切に判断できなかったS1、S7、およびS8からは、全く提示されなかった。このことは、成功者と未成功者との学習観の違いをも明らかに示していると言える。

6.6.3 外国語学習に対する考え方

成功者の多くは外国語学習に対する自身の一定の考え方を持っていると観察された。今後の学習計画について有用な記述が散見された先述のアンケートをもとに行ったインタビュー調査から得られた結果を例示する。

まず、成功者全員がテキスト分析タスク時におけるクラスメートとの意見交換を高く評価した。典型的なコメントはS13による「自分の間違いとクラスメートの間違いを気づかせて、その解決も考えさせる」、「自分で何回もチェックしても間違いが見えない。他の人がチェックしなければならない」である。例えば、英語圏の大学に短期留学したS13は、類似のタスクを英語で行った経験があると述べた。その際に、ある文章が1人の学生にはわかりやすくても他の学生にはわかりにくい場合があること、また、文章の書き直しを4回程度行った経験から、実際の文章作成の苦労とともに、フィードバックと学習活動の重要性にも言及していた。

意見交換の重視は、教師からの正確な知識の伝達のみを評価する態度とは異なる。その背景には、母国等でのインターアクションのある授業の受講経験が影響していると推測される。なお、議論等のような、他のクラスメートと協働で行う活動に慣れていない消極的な学習者がいる場合には、教師が当初から授業方法の長所を十分に説明した上で、一定の理解を促す配慮が必要である。

また、意見交換や協働作業の重視については、研究室の先輩や友人との交流を通じて日本語学習を進めたいといった計画も複数見られ、同タスクの継

続によって新たな学習観が萌芽したことも観察された。S15 は、「(日本語能力の不足のため) 研究室 (実験系) ではまだおしゃべりできないから、ちょっとさびしい」とも述べていた。これは、他者との日本語によるコミュニケーションを通じた協働作業が、実験系の共同研究を円滑に進めることを認識した発言である。S15 の、他者との協働作業の長所を理解したこの発言には、今後の研究生活においても協働を強く望む姿勢が見られた。

さらに、非漢字圏学習者としては最も日本語能力が高い S16 は「(読み書き話し聞く) 4 技能を総合的に学ばなければならない」とし、fluency の重要性に言及した。S16 は、もともと、授業中のコメントや当初から作成してきた文章の内容と表現能力から、自身がこれから本格的に大学院で取り組んでいく研究活動、あるいはそれに付随する他者との協働の際に求められる日本語能力の全体像を把握していると推測されていた学生である。そういった背景を有すると推測される S16 は、4 つの各技能が統合的に学習されることの効果を明確に指摘したものと言える。

S16 自身の母語と言語体系が類似した複数の外国語の学習経験からも、母語とはかなり異なる体系を持つ日本語の学習には「多くの例文を読むことが必要」であり、これまで学習歴のある他の外国語とは「習う方法が違う」とも指摘していた。この学習者は、「成功する学習方法は言語の多くの dimension について学ぶことだ」とも語っており、一人の外国語学習者として、決して受身ではなく、自身の方法を明らかに確立し実行している様子がうかがえた。こういった姿勢は、物事を単純化して判断したり処理したりする態度ではなく、まさに研究活動において求められる複雑で高度に論理的な思考や、状況に応じて柔軟に対処すべき協働の作業に対して、十分にレディネスがあると評価できるものと結論できる。

6.7 専門日本語ライティング教育への示唆

以上の議論をふまえ、成功者と未成功者に対する専門日本語ライティング教育への示唆についてまとめる。

第6章　専門日本語ライティング能力の獲得を目的としたテキスト分析タスク活動

　まず、テキスト分析タスクは、学習者が相互にコメントし合う協働作業に抵抗感もなく、一律に高く評価されたことから、成功者と未成功者の双方にとって有用であったと考えられる。このタスクは、学習者が他者の文章について批判的に評価し、論じ、かつ、自身が作成した文章に対するコメントを受けることで、文章の構造や論理展開について学ぶことを可能にさせるものである。

　また、同タスクで提示される各文章は同じトピックで作成された複数の例であり、個別の表現から全体の構成まで、比較・訂正・評価の対象となり得る。このような複数の文章例を素材とした学習活動方法は、文章モデルやフォーマット、あるいは典型的な文型を提示する従来型の方法とは明らかに異なる。学習者は教師からの個別の添削に加え、自身による検討、および共通の文章例に対する、他の学習者との意見交換から、文章を批判的に読むための多様な視点が得られると言える。

　学習者は、上記の通り、定期的な文章作成活動、および、定期的に自身と他者の各文章を批判的に読む活動を行ってきた。本論文における受講実績がほぼ100％の学習者には、一種のトレーニングとして、一定期間の「テキスト分析タスク」という学習活動の継続の重要性が認識されているものと考えられる。このことは、成功者からの「書くことによって日本語を学びたい」、および「今後は自分で計画的に学習・研究活動を行いたい」といった定期的な学習活動の有用性に言及したコメントからも明らかであった。いずれも、外国語学習の実体験を通じて、自身の次なる日本語学習や研究活動への示唆を導き出したものと評価できる。

　一方、未成功者は、文章の部分に捉われたり、表現を注視し過ぎたりしがちであった。そのことから、上記のような具体的な活動に加え、全体の構成や論理展開を把握しようとする態度をさらに強化し、継続していく必要がある。そのためには、文章の読解・作成の作業と並行して、学習自体への内省、および他者の内省への接触を通じた意識化を促進することが有効に働くと期待される。

　テキスト分析タスクを通じた学習活動には、授業をともに受けるクラス

6.7 専門日本語ライティング教育への示唆

メートだけでなく、接触経験がない人の内省も、有用な示唆として、新たな視点の獲得や、学習への意識化の促進に有効であると考えられる。つまり、こういったタスクを活用して行われた授業における学習者達のプロトコルを記録して残し、それを次の期の学習者に例示することにより、文章評価能力の向上への刺激として、学習に対する意識化への有効活用が可能であると期待される。

表6-4には、16名の学習者からの文章評価コメントを、その特徴から、a）形式的・内容的構成、b）表現と論理展開に分けて一覧化した。未成功者には、特に成功者が持つ多様なコメント例を提示し、論文スキーマ形成の刺激として意識化を促すことが期待できる。

表6-4　調査協力者である学習者16名からの文章評価コメント一覧

種類	コメントの具体的表現例
1）参照事項	構成、文体、文末表現、タイトル、小見出し、文法、トピックセンテンス、文の長さ、段落サイズ、読点、情報量、時間表現、接続表現、事例引用、客観性、論理展開、漢字語彙
2）叙述表現　上段：肯定的	わかりやすい、フォーマル、アカデミック、きれい、専門的、洗練されている、普通体、厳密、サイズがよい、整理されている、信頼できそうな情報がありそう、序論があり本論がある、合理的に部分が分けられている、ことばや漢字はわかりやすい、全体の結合関係がわかる、いらない情報がない、話題別・段落別に中心文が書かれている
下段：否定的	わかりにくい、序論部分がない、とても長い、冗長、中学生レベル、私の観点から書かれている、分けて書いたほうがいい、対象を客観的に見なかった、いろいろなものが混ざっている、アイデアがどこまで続くかわからない、すぐに全部はわからないため読み返す、ステップがわかりにくい、全部を読まなければわからない、会話のようで書いた人の気持ちが入っている、2つのことが書かれているはずなのに、違いが認識しにくい
3）比況対象と表現	会話のよう、日記のよう、話しことばらしい、メールのよう、レポートらしい、仕事で使っていた文書と似ている、研究室で読む論文やレポートと類似している

第6章　専門日本語ライティング能力の獲得を目的としたテキスト分析タスク活動

　また、本書の学習者コメントをデータベース化することにより、教育リソースとして活用する可能性が考えられる。例えば、ある文章を評価する際に、どのような評価基準があるかを、学習者コメントを整理して、授業における学習活動時に例示することが可能である。そのことにより、学習活動を行っている当該学習者、特に未成功者が気づかなかった視点を、具体例を伴って提供することができる。

　さらに、インタビュー調査で明らかになった成功者の学習方法や学習態度に関する内省を文字化して蓄積しておけば、学習者を対象とした学習カウンセリングにおいて、必ずしも気づかない、他者の視点を援用して提供することも十分に可能である。そういった教育リソースの活用方法についても、継続した教育実践を通じて検証していくことが求められる。

　以上のような学習者によるコメントを、可能な限り、種々の学会誌の評価基準で公開されている客観的な基準と照合し、比較分析することで、専門日本語ライティングにおける重要な評価基準を、第二言語学習者としての日本語学習者の習得過程の観点からも捉え直す機会が提供できると推測される。本章で扱った日本語の文章は、すべてのトピックが必ずしも、学術論文のテーマに適したジャンルのものとは言えないが、そういった日本語中級レベルの学習者の学習途上に作成された文章とその評価基準も、広く日本語のアカデミック・ライティング教育に示唆を提供できると考えられる。

　なお、学習者が成功者となっている背景には、専門日本語ライティングの授業のみならず、学習者の来日後の研究室の環境といった種々の背景も関与している可能性も推測される。研究室の正式メンバーではなく本格的な研究活動を実施していなくとも、授業外に研究室に通うケース等、授業以外の要因の存在についても、今後長期的に学習効果を評価していく際に重要な点になると考えられる。それらは今後の課題としたい。

　本章では、特に構成や論理展開といった、分析が必ずしも容易ではない対象を用いた調査から、学習者のスキーマ形成に関する議論を行った。今後、研究の方法論をさらに精緻化し、論文作成支援方法の一層の具体化を進めていく必要があると考えられる。

6.8　本章のまとめ

　本章では、論文や研究とは何かの知識の総体として「論文スキーマ」という概念を考案し、専門日本語ライティング能力を獲得するために論文スキーマの形成が必要であるという前提のもと、「テキスト分析タスク」活動という教育実践を行った結果を報告し、同スキーマ形成について考察を行った。

　具体的には、「テキスト分析タスク」を用いた授業実践について具体的に報告し、その受講者である学習者に対して、他者が作成した3種類の報告文の評価を依頼した。その結果、文章評価の観点や、論文スキーマの形成の有無を論じ、それによって、「テキスト分析タスク」の効果を検証した。成功者の場合には、文章評価が的確であり、文章内の個々の文法や表現といったミクロな部分のみならず、文章の構成や論理展開、文体に関する印象等も適切に言語化していることもわかり、論文スキーマが形成されていると判断された。また、外国語学習や専門分野への高い意識を持ち、広い視野を有することも明らかとなった。

　さらに、学習者の評価コメントのデータベース化や、インタビュー調査で明らかになった成功者の内省についても、将来の授業実践や研究の貴重なリリースとして活用可能であることにも言及した。

第7章 テキスト分析タスク活動時における学習者コメントの分析

　第6章では、論文スキーマという本研究の主要概念を考案し、論文スキーマを形成するために「テキスト分析タスク」という文章評価タスクを用いた教育実践の報告を行った。そのタスクを通じ、学習者の持つ文章評価基準を分析することによって、学習者の論文スキーマの有無や形成過程について論じ、同タスクの効果の検証を行った。

　本章では、学習者が作成した文章だけでなく、授業における「テキスト分析タスク」活動時の学習者による発話のデータを分析することで、論文スキーマの形成過程について記述を試みる。論文スキーマの形成は、抽象的な概念であるが、学習者の発話には、同スキーマの有無あるいは形成途上と観察される形跡が認められる。また、そういったスキーマ形成の観点から、成功者か否かについて一定の分類が可能であると考えられる。得られた知見をもとに、スキーマ形成を促す教育実践方法および学習リソースの捉え方について考察する。

7.1 調査の背景と目的

　「テキスト分析タスク」は、次の2つの仮説に基づいて考案した。すなわち、(1)学習者のライティング能力向上の過程では文章の評価能力がまず一定以上に高まり、(2)自己の学習へのメタ認知の向上が進歩を促すというもので、第6章の図6-1に示した通りである。

　この「テキスト分析タスク」の目的は、文章構成の巧拙や論理・表現の厳密さの重要性についての意識を高め、かつ、適正に評価する能力を向上させることである。

第7章　テキスト分析タスク活動時における学習者コメントの分析

　第6章では、上記タスクを授業実践で活用するとともに、その実践が学習者たちの文章評価能力および学習へのメタ認知に与える影響を、他者の文章への評価作業と分析タスク等の授業活動に関するインタビューとによって調査した。また、受講者たちの母語、過去の日本語あるいは他の言語によるアカデミック・ライティングの経験、および研究室での研究環境等、複数の背景要因の影響についての考慮を加え、研究や論文の概念に関するスキーマが形成されたか、あるいは明らかに形成されつつある学習者を、スキーマを獲得した「成功者」と認定した。

　筆者は、このような「成功者」が持つ特徴を抽出し、それを文章評価、あるいは広くライティング学習過程のプロトコルとして、教師、学習者、および支援者のために提供し、リソースの一つとして活用することが期待できると考えている。特に成功者のコメントは、今後の日本語によるライティング能力養成が必要な学習者に対し、論文スキーマへの意識や自己学習へのメタ認知を深める刺激として利用可能であると考えられる。

　そこで、本章では、学習者が作成した文章だけでなく、テキスト分析タスク活動を通した文章評価作業における発話データを分析することにより、上記スキーマの形成過程について記述を試みる。

　こうした学習者の発話データは、貴重なものであり、継続的に得て分析することによって、スキーマ形成の一端を記述することが可能であると考えられる。これまで、ライティング授業における文章評価作業時の学習者発話データを分析した研究は過去に見られない。各学習者が、このような協働のタスクにおいて各文章のどのような箇所に反応してコメントを述べ、またそのコメントの質がどのように変化していくかについての先行研究は皆無である。今回の調査の試みは、ライティング能力獲得過程と言えるスキーマ形成の一端を捉えることが期待されるものである。

　本章では、発話データの分析をもとに、スキーマ形成を促す教育実践方法および学習リソースの捉え方について考察を行う。次節において調査の概要を示す。

7.2　調査の概要

　調査対象は、2009年10月から2010年2月、および、2010年4月から7月までの2学期間にそれぞれ得られた、日本の某大学の大学院レベルの合計16名の学習者による以下の3つのデータである。授業は1回90分であり、毎週、連続して2回の授業が行われた。

　　(1)　当該授業開始前に作成された文章データ
　　(2)　全7回の課題で提出された文章データ
　　(3)　課題の文章を活用したテキスト分析タスクによる授業時の学習者の発話データ

　以上のデータの(1)により、論文スキーマの有無を探り、(2)の質を複数の観点から分析し、さらに、(3)によりスキーマ形成過程を観察しつつ、成功者と未成功者の別を判断した。以上の詳細は後述する。
　なお、調査協力者である学習者には、データの分析に際して個人情報が保護される旨十分に説明し、書面で了解を得てある。

7.2.1　テキスト分析タスクを用いた授業実践

　テキスト分析タスクとは、第6章において説明したように、毎週、授業におけるフィードバックのために各学習者の文章の中から複数例を編集して、訂正、比較、評価のタスクを加えたものである。
　本研究では、6.2で示した通り、学習者のライティング能力向上の過程においては、文章の評価能力がまず一定以上に高まるとの仮説を立てている。そこで、今回、授業で用いたテキスト分析タスク用のタスクシートには、学習者自身が作成した文章と同じテーマで他の学習者が作成した文章を複数併記し、それらをクラスで読みながら、テーマの捉え方や文章構成、論理展開、客観性、例示の適切性、文の長さ等といった多様な観点から評価し合う活動を行った。この活動では、先述したように、他者の文章やそこに示された観

第 7 章　テキスト分析タスク活動時における学習者コメントの分析

点から学ぶという学習ストラテジー、および、文章を批判的に読む視点の獲得が期待されている。

　なお、文法や表現等の誤用については、授業担当教師があらかじめ修正したものを上記タスクの文章とした。これは、ライティング能力の養成にあたって、文法や表現および表記等、文章を構成する「部分」に過度に注目することを回避し、文章の構成や論理展開といった「全体」を捉える姿勢の強化を意図したものである。

　授業の流れについては、第 6 章で示したものと基本的に同様であるため、その一部を抜粋しながら説明する。

　授業の目標は、大学院レベルという学習者の背景と学習目的に鑑みて、研究活動に必要な文章の特徴を理解し、短い報告文の作成ができるようになることとしてある。授業は、2009 年 10 月から 2010 年 2 月の期間 9 名で、また、2010 年 4 月から 7 月の期間 7 名の合計 16 名で、それぞれ 15 週間週 2 コマ（1 コマ 90 分）実施した。彼らの日本語能力は中級レベルであった。

　学習者は、授業において、『大学・大学院留学生の日本語②　作文編』（アカデミック・ジャパニーズ研究会編著 2001）で表現や構成を学習した後、教材中の 400～600 字の文章作成課題を E メールで教師に提出した。課題は基本的に 3 段落構成で、各段落の内容の枠組み（例：現状の説明、問題の分析、意見）が示されていた。教師は学習者の文章を文法・表現・表記に限って添削し、翌週の授業時のテキスト分析タスク実施後に学習者に返却した。なお、添削に際しては、単純な助詞等の誤用は、下線を引くだけで正用は示さず、学習者に考えさせることとした。

　テキスト分析タスクは、具体的には、提出された未添削の文章の一部から教師が 200～300 字程度の段落ごとに抜粋して編集した模範例や問題を含む例を用いて、学習者全員が適切性を検討し合う活動であり、複数のタスクにつき 90 分程度を費やした。学習者は例を読んだ後に、表現・構成・論理展開について自由にコメントを述べ合った。学習者からの質問は可能な限り他の学習者に検討させた。

　このタスク後に添削済みの個々の文章を返却し、学習者は各自、添削部分

を読んで再検討した。その間、教師は個別の質問に対応した。なお、この学習者自身の課題の再検討に際しては、文法や語選択等よりも、文章全体の妥当性を把握するよう指示した。

　翌週には前週チェックを受けた文章の修正版を提出させた。すなわち、毎週の課題は新たな文章作成と前週の修正版作成の二つである。また、学期末には、学習者各自の専門分野のテーマで5,000～7,000字の最終レポートを作成させた。最終授業では、ライティング学習全般を通しての自己の変化を認識させることを意図して、学期当初に作成した未添削状態の文章を学習者自身に修正させた。

7.2.2　テキスト分析タスクに用いた文章作成課題の情報

　上記の教科書における各課の最後に掲載されている学習課題のうち、次に示す表7-1のものをテキスト分析タスクに活用した。第2章で示し文章作成課題と同様であり、文字数はほとんどが400字と指定されていたが、学習者が内容的に必要性を考えて400字より多く書ける場合には、それも認めた。作成する文章は、基本的には3段落構成である。

第7章　テキスト分析タスク活動時における学習者コメントの分析

表7-1　テキスト分析タスクで用いた文章作成課題に関する情報

文章のテーマ	段落数	作成上の条件※
(1) 専門分野	指定無し	専門分野の説明と研究したいことを「である体」で書く。
(2) 科学の発達	3	指定の中心文に対する支持文を考えて、文章を書く。
(3) 母国の有名な人	3	有名な人を選び、有名な理由や母国の人々の評価を、書き手の主観を交えずに書く。
(4) 母国の大学	3	母国の大学での生活や来日前後の状況について時系列に書く。
(5) リサイクル	3	リサイクルの定義を行い、各段落の中心文に対する支持文を考えて、リサイクルの問題について書く。
(6) 高齢化社会	3	指定されたグラフを見てわかること、予想される問題、および自分の意見を書く。
(7) インターネットの問題	3	具体例、そこから起こる問題とその解決策の提案を書く。

※課題内容を筆者が要約して示したもの

　なお、2009年の10月から2010年の2月までの授業でのデータは、収集の記録の関係上、2回分（表7-1の(1)(2)）はやむを得ず発話データが入手できなかったため、(3)から(7)までの合計5回分である。

7.2.3　テキスト分析タスク時の発話データ

　テキスト分析タスクは各学期において、7つのテーマで7回実施した。学習者は1回90分の授業中に、タスクシートの文章に対して文章評価を行った。この際に、研究補助者が学習者達の許可を得て教室に入り、学習者の発話をパソコンに記録した。発話データは、授業後にタスクの文章別にまとめた表（付録の資料5に例示）に記入し、授業後、筆者が内容を確認した上で分析に用いた。

7.2.4 発話データ等の分析手順

まず、合計16名の学習者の毎回の授業におけるテキスト分析タスクでの発話内容を、授業別および学習者別に記録した。その結果をもとに、学習者の発話の質を観察し、内容や構成、論理展開、あるいは表現等のどの観点のコメントであるかを判断し、各発話にラベル付けを行った。さらに、より豊富で的確なコメントが見られた学習者を成功者とし、その他の学習者を未成功者として分類した。その判定の際には、学期当初の文章データの構成や論理展開の完成度も参照した。

なお、第6章では、学期末に実施した、他者が作成した文章への評価、および自身の学習活動への評価をもとに、成功者と未成功者を分類して論じたが、第7章では、基本的に授業活動中の発言に主眼を置き、ライティング能力獲得過程における学習者の認識を記述することを目指す。

さらに、成功者と未成功者の事例を抽出して比較し、論文スキーマ形成によるライティング能力の質的な変化の様相について可能な限り記述を試みる。

7.3 結果と考察

学習者の発話を観察した結果、大きく次の3点の観点から分類が可能であった。

(1) 内容と構成
(2) 段落や文の接続における論理展開
(3) 表現と文体

いずれもほぼ的確なコメントを豊富に行っていたケースを「成功者」と認定し、そうではないケースを「未成功者」として比較する。

以下では、まず成功者と未成功者の分類結果を示す。次に、上記の3つの観点から、学習者のコメントに見られる批判的文章評価について分析し、そ

第7章 テキスト分析タスク活動時における学習者コメントの分析

れに基づいて、各学習者の文章や文章評価に対する意識やコメントの変化を観察する。

なお、本研究は量的な分析ではなく、教育実践上で得られたデータを観察し、質的に可能な限りの記述を意図したものである。

7.3.1 成功者と未成功者の分類

本章では、2009年10月から2010年2月の期に学んでいた10名のうち、3名の成功者と2名の未成功者、また、2010年4月から7月の期に学んでいた7名のうち、2名の成功者と2名の未成功者の事例を各々取り上げて分析する。これらは対照的な事例として、彼らの発言から、それぞれ日本語学習や文章作成に関する意識の差異を際立たせて示せるものと考えられた。

合計9名の調査協力者の背景は表7-2の通りである。もともと、どちらのクラスも理系学習者が圧倒的に多く在籍していたため、表7-2の通り、専門分野には偏りがある。

なお、備考欄は、各学習者の学習背景として、当該コース開始前のクラス分けの際のインタビューや、当該クラスの初期にアンケートで得られた情報を示してある。

事例は少ないものの、表7-2から、日本語能力試験2級の合格者が成功者（S3）にも未成功者（S7）にも含まれていることがわかる。いずれも漢字圏学習者である。つまり、ライティング能力以外の文法や語彙、読解等の面における日本語能力が比較的高い漢字圏学習者であっても、ライティングに関しては、必ずしも成功者であるとは言えないことが推測される。

また、英語か日本語かの違いはあるものの、ライティング学習、特にアカデミック・ライティングに関して体系的に学んだ経験のある学習者は、成功者に含まれている。そのことから、言語が異なっても、アカデミック・ライティングの基礎の習得は、本研究で言うところの論文スキーマの形成と深く

7.3 結果と考察

表7-2 調査協力者の情報

成功者か未成功者か	学習者ID	母語背景	専門分野	備考
成功者	S1	非	文系（社会科学）	英語でのアカデミック・ライティングの経験あり
	S2	非	理系（理学）	―
	S3	漢	理系（医学）	コース開始前に「日本語能力試験」の2級合格
	S4	非	理系（医学）	コース開始前に日本の教育機関でライティング学習の経験あり
	S5	非	理系（工学）	―
未成功者	S6	漢	理系（工学）	―
	S7	漢	理系（工学）	コース開始前に「日本語能力試験」の2級合格
	S8	非	理系（工学）	博士後期課程へ進学予定
	S9	非	理系（工学）	―

結びついていることをうかがわせる[24]。その最も明快な事例で、母国での学習と日本語学習との関連性に言及した示唆的なコメントとして、S1の背景を補足する。

　S1は、学期末のインタビューの際に、母国で英語のアカデミック・ライティングを学んだ際に序論、本論、結論といった構成について学んだことが、日本語の場合にも該当するという、習得事項の日本語への転用をうかがわせた。また、S1は、母国で従事していた取材や執筆活動を伴う仕事上の経験

---

24) インタビュー調査において、母国で執筆活動にかかわる仕事をしていたS1からは、次のような発言がなされ、文章ジャンルを意識し分析できることが明らかであった。「ジャーナリストは違うと思います。スタイルはアカデミックなスタイルではないですが、影響があることは論理的な構造とか、一番単純な言語を使うことが必要。言いたいことは、一番直接言い方があったら、複雑な表現を使わないほうがいいと思う。概念的な難しいことを説明することは一番単純な面で説明したほうがいいと思います。」

第7章　テキスト分析タスク活動時における学習者コメントの分析

から、アカデミックなスタイルとは異なるものの、世論に影響力を持つと考えられる重要な、あるいは複雑な内容や概念説明にこそ、論理的な構造や単純な表現を意識的に用いるべきであるというビリーフを披露した。さらに、英語を用いて複雑な内容の文章を作成する際に問題が生じることは、日本語を用いる場合でも同様であり、日本語の場合には多くの練習を行ったと述べた。これらのことから、英語と日本語における文法や表記といった言語構造の差異はあるものの、それらに過度に捉われることなく、アカデミック・ライティング、あるいは文章作成一般に対する確固たる姿勢が見て取れる。

　表7-2の分類結果をもとに、以下、1）内容と構成、2）段落や文の接続における論理展開、3）表現と文体の3つに分けて、それぞれ詳細に事例を分析する。

7.3.2　内容と構成へのコメント

　本章での「内容・構成」とは、個々の文やその論理展開等ではなく、一定のまとまりをもった文章のトピック、その内容の配置、および文章全体の構成にかかわるものである。一定のまとまりをもった文章は段落や文で構成されているが、特にその段落内や文と文との接続における論理展開については、次の7.3.3で言及する。つまり、内容・構成へのコメントは、文章を評価する際のマクロな視点によるものである。

　以下に、成功者の事例を中心に示し、各学習者のコメントを評価的な観点から分析し、論文スキーマ形成に言及する。

　なお、分析にあたって、タスクに用いた文章例の抜粋は、(1)(2)等の数字によって、また、その後に示す各学習者のコメントは、先の表7-2の学習者ID（例：S1，S2）を用いて示すこととする。各文章のテーマは、引用した文章例の最後に〔　〕に入れて記載する。その際、必要な場合には段落の位置についても明記する。例えば、〔母国の有名な人：第3段落〕とする。また、発言した学習者の発話は、コメントの内容自体が分析対象として重要であるため、特に会話分析等での手法とは異なり、すべて普通体で示す。さらに、文章中の人名や地名等の固有名詞は、当該文章を作成した学習者のプ

7.3 結果と考察

ライバシー保護のため、アルファベットで示すこととする。

<u>文章例(1)</u>：
(前略) 現在、大統領としてAは批判を受けている。新聞記者が常に悪い点だけを強調して報道している。Aは教育がないため国を治められないと言われている。しかし、複雑な社会らしい、B国の問題は解決が容易ではない。実際にB国の経済は最盛期を過ぎ、社会問題は増加している。将来、Aは優れた大統領として思い出されるであろう。現在、彼の伝記は、B国の政治の伝説になりつつある。

〔母国の有名な人：第3段落〕

<u>S2のコメント</u>：
　段落の内容はトピックセンテンスがあり、はっきりしているが、主観的である。例えば、第3段落の記述から、書き手がA大統領を支持しているように読めてしまう。

　文章例(1)は、最終段落である第3段落の抜粋であり、この課題では、第3段落には書き手自身の意見ではなく、その人物に対する母国の人々による評価を書くように指示されている。
　S2は、上記のコメントにより、この指示条件に抵触するという指摘を簡潔に行った。つまり、S2は、文章全体を読んでトピックセンテンスという一つの基準にも言及しつつ内容の明快さを評価した上で、(1)の主観性の問題を指摘している。これは、全体としての記述内容から、情報の質としての主観性を確実に言い当てたものである。この主観性に関して、以下のS3の発話例も取り上げる。

<u>文章例(2)</u>：
　なぜ彼が有名かというと、彼が何回も国際トーナメントに出たことがあり、5年前に他のC人のテニス選手を超え、世界ランキングの9位に

第7章　テキスト分析タスク活動時における学習者コメントの分析

なったからである。現在40位に<u>なってしまっても</u>、Ｃ人たちの心の中に彼がまだ最も優秀なテニス選手であると記憶に残っているだろう。
〔母国の有名な人〕（点線は引用者）

<u>Ｓ３のコメント</u>：
「現在40位になってしまっても」は、「しまって」があるので、主観的な表現である。

　文章例(2)は第２段落である人物が有名である理由を示す箇所の抜粋である。Ｓ３は、文中の「しまって」が書き手の人物に対する思い入れを反映していることを、読了後、直ちに指摘した。その指摘は、その前の文や、その文の主節部分（「Ｃ人たちの心の中に彼がまだ最も優秀なテニス選手であると記憶に残っているだろう」）を読みこなした上でのものと考えられ、単なる文法や表現の正誤判断ではないものである。
　以上の例は、文章全体や段落の記述において、文末表現などの直接的手段だけでなく、文中にも現れる各種モダリティー表現等、他の手段によっても情報の質が示されることを成功者たちが理解しており、文章評価作業においてその理解力を発揮していること示す好例である。
　さらに、内容と段落構成について言及された例を示す。

<u>文章例(3)</u>：
　インターネットの問題は、どこでも犯罪が起こり、それを警察が取り締まれないことである。他の問題は、どこでもインターネットが使えるので、人はいつでもインターネットを見ており、実際の人間社会にある本物について考えられないようになることである。例えば、Ｄ国で電車の運転士は携帯電話を見ていて運転を十分に行わなかったため、他の電車に激突した。人間はインターネットを現実より重視する場合もあって危険である。
〔インターネット〕

7.3 結果と考察

S1コメント：
短い段落であるため、テーマは1つの方がいい。

S2コメント：
1つだけ選んで分析すべきである。ここではたくさん書いたので、(読み手は) 分析できない。現象の羅列になっている。

（「読み手」は筆者が挿入）

　文章例(3)は、インターネットに関する問題をテーマとしているものの、内容をさまざまな問題に波及させてしまい、議論が収斂していないものである。この事態を、S1もS2もそれぞれ的確に指摘している。「テーマは1つの方がいい」、および「1つだけ選んで分析すべきである」という各コメントは、内容を理解した上で、1つの段落内ではまとまった1つのメッセージが入れるべきであるにもかかわらず、そうなっていないために、読み手への配慮を欠くことの指摘を簡潔に行ったと言え、評価できる。
　S1は次の文章例においても、1つの段落に入れるべき内容に言及したコメントを行っている。

文章例(4)：
　インターネットは、多くの人にさまざまな所で使われている。たとえば、最近、E国では大学のコンピューターでインターネットのゲームをする学生がいる。大学では、在学生である場合は、インターネットの使用に関する適切な規制がないため、これらの学生が増加している。そのため、制限されたコンピューターの一定部分をインターネットのゲームをする学生が使用することから、他の学生たちが使用できないという実情がある。　　　　　　　　　　　　　　　　　〔インターネット〕

S1コメント：
一般的なことから具体的なことまで述べるのに、同じ段落はよくない。

第7章　テキスト分析タスク活動時における学習者コメントの分析

　これは、「インターネットは、多くの人にさまざまな所で使われている」といった、この段落の冒頭の文で一般的に示した後で、この段落の最後には、インターネットでゲームをする学生の数とコンピューターの規制の問題が示され、論点がすり替えられているという不備が見られる。途中に学生の数の増加が示されているが、そのための問題として、末尾の文は、冒頭文とは異なった展開を示している。
　このS1の指摘があった後に、未成功者のS6も、次のようなコメントを述べた。

　S6コメント：
　賛成。最後の文は段落最初の文とは関係がない。

　このS6は、上記のインターネットのテーマでの課題、すなわち、第6回目の課題のテキスト分析タスクに至るまで、他の未成功者とは異なり発言は比較的多かったものの、ほとんど、部分的な表現上の問題を指摘する程度で、スキーマが形成されているとは考えられないものばかりであった。ただし、上記のコメントのように、成功者であるS1やS2の適切なコメントを受けて、同様にそう考える、といった発言が複数回見られた。S6は、成功者のコメントを聞いて刺激を受け、第6回目のタスク時には、上記の通り、「最後の文は段落最初の文とは関係がない」といったコメントで、具体的に問題箇所の場所を示して言語化できるようになったと推測される。これは、スキーマ形成に向けての萌芽的な変化が観察されたケースであると言える。
　加えて、S1の事例をもう1例、以下に示す。
　なお、この文章例(5)を作成した学習者は、成功者のS3であり、先の表7-2の備考に示したように、日本語能力試験の2級に合格していた漢字圏学習者であることから、漢語を中心とした表現の能力は、比較的豊かであったと言える。

7.3 結果と考察

文章例(5):
　周知のように最近はネットの掲示板を利用して、殺人や殺人予告をするケースがある。2009年に東京の秋葉原で起こった通り魔事件も、犯行前に掲示板への書き込みがあったと報道されていた。青少年への悪影響は言うまでもない。近年、青少年の犯罪自体は減少してきているが、インターネットが絡んだ犯罪は多くなってきている。原因としては、どの家庭にもパソコンがありインターネットが利用できるようになってきたため、子どもたちでも簡単に利用できるようになってきたからだと分析できる。また、チャットなどで友だちとコミュニケーションをとる機会が増え、その中でのいざこざなどが事件に発展してきている。先日テレビ番組でも報道されていたが、最近多くの学校では、子供達が裏サイトを作ってその中で学校に対する悪口や友だちに対する悪口などを書き込んでいるそうである。これによって登校拒否になってしまった子供も多いという。以前は聞いたこともない「ネットいじめ」は、いまや社会全体の問題にまで発展している。　　　　　　　〔インターネット〕

S1コメント:
構造がいいと思う。みんなの知っていることを述べて、関係しているもっと広い問題を説明している。

　このコメントからもわかるように、内容を「みんなの知っていること」と「関係しているもっと広い問題」に分類して流れを把握し、それと関係させて、文章の内容と構成に言及できている。この例も、正確に情報の質を把握して、記述の各部分を関連付けて文章全体の構成の適切さに対する評価を行えており、高く評価できる。
　以上のように、S1とS2は、内容を正確に把握した上で、それが配置される段落の位置といった文章構成にかかわる知識を有しており、その知識を適切に活用していると観察される。つまり、情報の質を判断し、それに基づいて内容と構成を関連づけて、文章の流れの説明を言語化することに成功し

ていると言える。

7.3.3　段落や文の接続における論理展開へのコメント

　ここでは、7.3.2とは異なり、よりミクロな観点から、段落や文の接続における論理展開にかかわる事例を示す。成功者として認められる学習者は、論理展開に関するコメントが一定以上的確に行えるが、一方の未成功者の学習者は、当初より、まず成功者のようなコメントがほとんど現れなかった。大まかな内容把握や、トピックが分散している明らかな悪文を指摘することは可能であっても、細部にわたる論理展開に対する批判的な読みと、そこから明らかになる矛盾の指摘は、成功者でなければ、かなり困難であると観察された。

　次に成功者の発言の事例を示す。

　<u>文章例（4）</u>：
　　現在、さまざまなことが行われている。例えば、プラスチックの生産費は高く、使い終わったプラスチックをリサイクルせずに燃やすと、地球温暖化の原因の一つとなる。そのため、あるスーパーは客がプラスチックを持って来ると、エコポイント5点を加点する。1000点たまるとキャッシュバックがもらえる。また、個人的に不用な紙や読んだ新聞や雑誌などを集めて、再生利用するように気を付けることも行われている。
　　　　　　　　　　　　　　　　　　　　　　　〔リサイクル〕

　<u>S1のコメント</u>：2番目の文は前文との関係がない。事実としては関係があるが、段落の中ではあいまいである。（後略）

　<u>S2のコメント</u>：説明が詳しすぎる。スーパーの宣伝になっている。

　<u>S1のコメント</u>：詳しい説明の目的ははっきりしていない。

7.3 結果と考察

文章例(4)は第2段落でリサイクルの具体例を示す箇所の抜粋である。

S1は、第1文の「さまざまなことが行われている」の後に続く第2文が、「例えば」という例示の指標で始まっているものの、第1文との論理的な不整合があることを、「事実としては関係があるが、段落の中ではあいまい」と表現した。また、S2も、「スーパーの宣伝」と批判的にコメントし、それを受けて、再度S1は詳細な説明の目的が不明瞭であるとまとめた。

こういったコメント群は、単に前件と後件との接続表現の不適合という部分のみを問題にしているのではなく、一部の論理展開の綻びに加え、先の7.3.2で示した全体としての議論の目的、内容および分量とに鑑みた場合の適切性についても、簡潔に指摘したものであると評価できる。

さらに別の例として、文章例(5)を示す。

<u>文章例(5)</u>：
　　高齢化が進むとともに、経済活動人口の減少で、退職者の数が増えていった。この増加によって、政府は退職年金の支払いをさらに多く行っているが、経済活動人口は経済を安定させるために十分ではない。そのため、国の経済は次第に悪化している。(後略)

〔高齢化社会〕

<u>S5のコメント</u>：「経済活動人口の減少」と「退職者の数が増えていった」は、十分ではない。データが必要である。

文章例(5)に対するS5のコメントは、記述を論理的に、かつ厳密に行うためには、主張に対する裏付けとしてのデータが必要であることを承知していることを示す。なお、文字数があまり多くない文章において、個々の記述の詳細な数値化されたデータを示すことは困難であるが、文章例(5)のように「増加」、「減少」、「悪化」といった表現が連続して出現する文章においては、若干の例示があれば、説得力をより増すであろう。S5は、例示や裏付けがないままに議論を進めることへの問題を認識していると観察された。

第7章　テキスト分析タスク活動時における学習者コメントの分析

　さらに次の文章例(6)においては、S4とS5の両方が同じ問題を指摘している。

　　文章例(6)：
　　　この問題の解決のためには、さまざまな方法があると思われる。まず、2025年まで労働者の数を増加させなければならない。これは、子供の出生数と関係があり、子供の数が増えるとともに将来の労働者の数が増加すると言える。そのため、出生率の上昇が必要である。最後に、他の方法は外国からの労働者を移民として受け入れることであると思われる。　　　　　　　　　　　　　　　　　　　　　　〔高齢化社会〕

　　S4のコメント：「最後に、他の方法」の「他の」は要らない。

　　S5のコメント：「2025年まで労働者の数を増加させなければならない」と「他の方法」は同じである。

　文章例(6)は、問題解決に必要な労働者数の増加は、「最後に」という接続表現で別の解決方法のように書かれているもの、すなわち「外国からの移民（労働者）」と、結果的には同様であるという指摘である。しかも、冒頭には「さまざまな方法があると思われる」と書かれているが、労働者の増加という1点に絞られた、「さまざま」とは言えない議論になっている。
　S4とS5の上記のような指摘は、各文の内容の関係性を把握した上で、全体としてこの段落でフォーカスされている問題解決策に収斂しないという問題を、各文の論理展開から説明したものと言える。
　その他、他の文章例についても、文や段落の接続における論理展開に言及したコメントが多く提示された。それらをさらに、コメント部分に絞って以下に紹介する。
　S5は、他の文章例においても、「time sequenceがわかりやすい」といったコメントも発している。時系列に問題がある場合には、文の順序の入れ替

えを提案したコメントを提示できていた。

　S3も、母国の大学を紹介する文章例において、「最初の文と最後の文は大学の紹介であるが、真ん中は町の紹介になっている。<u>どうしてこの順番になっているかわからない</u>」、「テーマは母国の大学であるため、大学名を<u>先に出した方がよい</u>」（以上、下線は引用者）といったコメントも提示していた。これらのコメントは、読み手が混乱することなく理解できる、すなわち、読み手に配慮した情報の提出順序を意識したものと言える。

　なお、学期後半には、S7、S8、S9もわずかに発話量が増え、論理展開にも及ぶコメントがごく一部に見られた。これには、成功者からの刺激によって文章への認識が若干変化したことを示唆している可能性が考えられた。

7.3.4　表現と文体へのコメント

　成功者と未成功者はいずれも、表現や文体に関してコメントを述べていた。両者が、異なる点は、未成功者のほとんどが、「内容と構成」と「論理展開」に関してはコメントができず、発言が「表現」レベルに偏る傾向が見られたことである。つまり、未成功者は、文章全体の構成や、内容の観点から見た構成の適切性や論理展開には言及ができないまま、表現や文法といった部分にのみ注目する発話が、学期半␣か後半まで続いていた。

　例えばS6は、学期後半まで「わかりやすい」といった根拠を伴わない短い発話があった他、特定の文や表現の意味を質問する程度であった。S9はS6より発話回数が多かったものの、そのほとんどが文章中の漢字や文法の難解さを指摘したり、未知の表現について質問したりする程度であった。なお、文の長さについてはコメントしやすいと観察され、S9は文が長い、短いといった発話を複数回行っていた。

　一方、S6とS8は「structureがいい」、「ロジックがいい」、「日本人が書いた（文体）みたい」等のコメントを行うこともあったが、必ずしも、それらのコメントの根拠を言語化できずに、印象を述べるに過ぎなかった。S6は漢字圏学習者であり、非漢字圏学習者の成功者より読解速度は速く、学期後半には成功者に近いようなコメントも見られた。しかし、S8と同様に、

自身が作成する文章においては、トピックが分散したり、最終段落が唐突に終わったりする場合もあった。どちらも、スキーマ形成途上と見られ、成功者とは認められないケースであった。

7.3.5　その他の注目すべき事例　―テキスト分析タスクでの議論から―

　以上分析してきた例以外に、いくつかのコメントから派生して起こった議論の例を2件紹介する。

　まず、文章例にあった「なぜであろうか」という表現をめぐって、理系のS2は「理系では書かない」と発言した。これを発端に、S1は「英語で社会科学の論文を書く場合は使用する」と明言し、また、S3は「医学系の英語論文で見たことがある」と述べた。学習者が自身の専門分野の文体や表現を意識して明言できたケースは、9名のクラスでこの3名だけであり、他の専門分野が異なる学習者は、一律に沈黙していた。

　これらの発言から、成功者の認識として以下の2点が示唆される。

（1）　論文一般のスタイルの過剰な一般化や鵜呑みにすることがない。
（2）　まだ論文のレベルではない短い文章作成練習を行っている段階の自身の学習状況の中で、目標とする専門分野の論文を十分に意識している。

　つまり、専門分野の研究活動と現在の日本語学習とを、彼ら学習者の中で有機的に関連づけようという姿勢が見られる。

　もう一つの例は接続詞の多用についてである。複数の未成功者が「接続詞の多い方が、論理展開がわかりやすい」と考えていたことに対して、成功者のS4とS5は、「母語でも日本語でも必ずしもそうではない」と各々明言した。

　一般に、接続詞が論理展開を明快にする機能の存在は明らかであるが、その多用はかえって論理に支障を来しかねないケースも十分に考えられる。例えば、同じ段落の中に逆接の「しかし」が2回以上出現するような文章例は、

論理展開上、読み手を混乱させる不適切なものとなるであろう。成功者達は、母語でも日本語でも、接続詞の一面を単純にルール化して知識として覚えているのではなく、多くの文章例に照らし合わせて慎重に、あるいは厳密に判断できる言語感覚を獲得しているものと推測される。

おそらくこれは、単なる言語学習のセンスがあるといった単純なレベルの議論ではなく、大学院レベルの学習者として研究に向かう姿勢が、厳密にかつ慎重に検討し判断するという一定の水準に達していると言っても過言ではないと考えられる。このように、学習者のコメントをはじめとする発話の中に、彼らの研究に対する意識が十分に内在化されている様子を示す一定の証左を見出すことが可能であると言える。

7.4 本章のまとめ

以上の考察から、成功者は、文章の構造や論理展開の把握が適切に行える論文スキーマを形成しつつあると推測される。また、成功者は、自身の専門分野を意識したコメントも提示できていた。

成功者は文法や漢字などの言語知識の多寡とはかかわりなく、文章評価コメントの根拠を言語化することに成功していた。一方、未成功者のコメントは未知の文法や語彙へのコメントに偏っており、パターン化していた。また、「難しい」とか「日本人の文体みたい」、「文が短い」等と、印象としてコメントを提示しても、その根拠を正確に説明することはほとんどできなかった。

今回用いた発話記録の方法は、試験的ではあるが、学習者の進歩の過程を記すためのものとして、今後の調査研究の方法論構築に資することを視野に入れておきたい。従来、学習者の作成した文章やインタビューによるデータをもとにした種々の議論は存在したが、文章評価コメントと議論を時系列で観察する方法は見られない。方法論のさらなる精緻化を目ざしたいと考える。

第 8 章　結論

　最終章である第8章では、本書において、先行研究の概観から始まり、種々のデータに基づき分析と主要な議論を展開した第3章から第7章について簡潔にまとめを行い、それをもとに、新たな専門日本語ライティング教育の開発と研究について総合的に考察する。さらに、今後の課題をまとめることとする。

8.1　まとめと総合的考察

　第3章で行った専門日本語ライティング関連の先行研究の概観においては、本書の基本的な前提となる「専門日本語」と「専門日本語教育」の概念を種々の知見からまとめ、また、日本語の論文作成支援に資する専門日本語の具体的な側面に関する基礎的研究を例示した。その上で、本研究においては、専門日本語ライティングを、大学院レベルの研究留学生が、大学院在学中に必要とされる研究に必要なライティング活動のための教育であると位置づけた。特にそういった研究留学生は、学部生とは異なり、一定以上専門分野の知識を有し、学部を卒業しているという前提から、自身の研究活動に必要な日本語や日本語運用能力を意識化し、研究環境に適宜アクセスしつつ自律的に日本語を学ぶ必要があることを論じた。

　次に、本書の主要な議論は以下の3点に大きく分けられる。

(1) 大学院レベルの日本語学習者が作成した文章における構成と論理展開に関する問題分析
(2) 論文スキーマ形成を目指したテキスト分析タスク活動とその検証

第 8 章　結論

  （3）　テキスト分析タスク活動時の学習者のコメント分析に基づいた成功者のスキーマ形成

　(1)は第 4 章と第 5 章において、(2)は第 6 章において、(3)は第 7 章において、それぞれ議論を展開した。
　まず、第 4 章「大学院レベルの日本語学習者が作成した文章の表現に関する問題分析」においては、学習者が作成した文章に見られる表現について、専門日本語ライティングの観点から分析し、特に文と文との論理的関係や文章構成の観点を取り入れて、コーパス活用も含め、新たな教育方法とリソースのあり方について論じた。
　次に、第 5 章「大学院レベルの日本語学習者が作成した文章における構成と論理展開に関する問題分析」においては、学習者が作成した文章に見られる論理展開や構成に関する問題分析を行った。まず、学習者の文章の問題点に関する研究を概観し、次に実際に学習者の文章の問題を、文章の構成や論理展開の観点から行い、それらの問題を分類した。
　さらに、第 6 章「専門日本語ライティング能力の獲得を目的としたテキスト分析タスク活動―スキーマ形成を目指して―」においては、まず、本研究の仮説、すなわち、学習者のライティング能力の獲得過程では、文章が正確に理解でき、文章評価能力が一定以上に高まるとともに、自己の学習へのメタ認知の向上がライティング能力の進歩を促すとの仮説を提示した。それに基づき、次に、「テキスト分析タスク」を用いた授業実践について具体的に説明した。続いて、その受講者の学習者に対して、他者が作成した異なる 3 種類の報告文の評価を行ってもらい、その結果、文章評価の際の観点や、論文スキーマが形成されているか否かを論じた。それによって、「テキスト分析タスク」の効果を検証した。
　本書の最後である第 7 章「テキスト分析タスク活動時の学習者コメントの分析」においては、上記の「テキスト分析タスク」の実施中における学習者の発話を分析した。これは、第 7 章で言及した論文スキーマ形成の有無を、学習者がタスク内の文章に対して発言した個々のコメントの記録から分析し

8.1 まとめと総合的考察

たものである。コメントの観点を、目的と構造化、関連づけと意義づけ、および厳密さと文体の最適さの３点に分類して論じた。特に成功者と認められる学習者の注目すべきコメントの質について分析し、その結果、成功者は未成功者とは異なり、未知の漢字や表現にとらわれずに構成や論理展開に対して、より広い視野で、的確に、かつ厳密に文章評価を行っていた特徴を示した。

以上の本論における主要な分析と考察をふまえ、以下では、専門日本語ライティング教育について、次の３点から総合的に考察を行う。

(1) 教育方法およびリソース開発方法の再考
(2) 教育と学習者研究をつなぐ視点
(3) 専門分野の差異を越えたリテラシー教育

(1) 教育方法およびリソース開発方法の再考

まず、学習者が大学院レベルであるという背景を重視した専門日本語ライティングの観点から、特にライティング教育において重視すべき点は、学習の目標、すなわち、論理的な文章が作成できるようになるということである。したがって、求められる文章は、文法や表現・語彙といった部分を過度に注視することなく、文章全体の構成や、各段落における主題が明確になっていることが優先順位の高いものであると言える。

そのため、有用な文法や表現・語彙にかかわる知識の増加がライティング能力の向上に結びつくのではないといったビリーフを、教員も学習者も、十分に有しておく必要がある。換言すれば、専門日本語ライティング教育では、従来の主流であった表現や文型を豊富に盛り込んだ知識注入型、あるいはモデル提示型教材やリソースだけでは不十分であり、研究活動への姿勢や考え方に有機的に関係する視点が必要であることがわかる。

そこで、論文や研究とは何かの概念知識を獲得する、すなわち、論文スキーマを形成するための、学習者側の意識化が重要であり、それを支援する継続的な学習活動、およびそれらすべてに対する教師側の十分な理解が必要であると言える。本書で示した「テキスト分析タスク」は、同様のトピックで作

第8章　結論

成された他者の複数の文章を比較、分析および、評価することにより、批判的に文章を読む視点の獲得に貢献した。実際の研究活動においては、批判的に論文を読み、先行研究やデータ分析結果をもとに、新たな知見を構築して提示する必要がある。その意味で、専門日本語ライティング教育では、単に論文で用いられる表現を教育するのではなく、そういった研究活動へのソフトランディングを可能にするためのライティング活動を、学習者のレディネスにも配慮しつつ、論文スキーマ形成のための学習活動と位置づける必要がある。そのような観点からの、教育方法とリソース開発の再考が必要であると考えられる。

　なお、成功者と認められた学習者も、学期当初から完成度の高い文章を作成できていたわけではない。彼らも、英語や母語で一定程度構築できていた論文スキーマを、日本語を用いた場合にも再構築するために、例えば、表現の厳密さや文体の最適化をトレーニングする必要がある。したがって、どの学習者に対しても、文章の比較、分析および評価を行う学習活動は有用であったと考えられ、また、そこで獲得した論文スキーマは、自身の文章作成および自己推敲の際に役立つものであると期待できる。

(2)　教育と学習者研究をつなぐ視点

　従来の典型的な日本語のライティング教育では、提供する学習項目を一覧にしたシラバスに、文法・表現や大まかな構成がモデルとして提示され、また、教師による個別の添削というフィードバックが、授業あるいはその前後に行われてきた。そのような流れでの授業設計においては、教師が言語項目を中心として情報を提示したり、学習者が作成した文章に対する文法や表現を中心とした正誤判断からの添削を行ったりしてきたと言える。このような教育は、特に会話教育等と異なり、教師からの情報提示という一方的な指導の側面が強調されたものである。

　しかし、筆者は本研究を通じて、ライティング学習とは、そもそも、学習者が文章を作成するところから主要な学習活動と認められるのではないかと考えている。ライティング学習においては、表現等の事前のインプットも無

8.1 まとめと総合的考察

論必要であるが、本来的には、学習者自身が「書く」作業で学ぶことが最も重要な活動であり、その前後の過程においてこそ、ライティング授業でサポートできる部分を明確に見いだし、学習全体の中で位置づけていく必要があると考えている。

その過程には、次の4段階が存在すると考えられる。

① 学習者が文章を書く前にテーマや資料を選択し、それらをもとに練っていく全体の構想の段階
② 実際に文章を作成し、合わせて推敲を行う段階
③ 完成版を提出後に行われるフィードバックの段階
④ フィードバックを受けて書き直す段階

これらの流れの中で、文章作成後のフィードバックと書き直しという後半部分の学習活動こそが、非常に重要であるにもかかわらず、従来はそれらの段階における教師の介入やサポート、他の学習者との協働による学びが十分には存在していなかったと言える。

専門日本語ライティングに重要な論文スキーマの観点からは、他者から批判を受けるというフィードバックや、それをもとにさらに質を上げるために文章を修正していくという作業は極めて重要である。大学院生に限らないが、研究を行う者は、口頭発表や論文投稿を行う場合に、他者から何の批判やコメントも受けないことはあり得ない。批判的なコメントの授受こそが、論文を含めた研究活動をより活性化するものである。したがって、成果発表の機会としてのレポートや論文を作成する必要のある学習者は、先述のテキスト分析タスクのような協働活動の重要性も認識して学習活動に臨み、同時に、教師もそういった学習者の研究背景や学習環境を視野に入れて教育の設計を行う必要があると言える。

本書における分析と考察で得られた知見は、個々のライティング授業のデザインに関与するのみならず、教育と学習者研究をつなぐ視点を提供するものと期待できる。すなわち、教育実践を行う過程での問題分析や、リソース

の開発や改善といった教育研究を行うことが重要であると同時に、実際には個々の学習者の背景や学習過程を十分に観察し、教育実践に還元可能な研究を継続していくことが重要であるという認識である。

ここで研究を継続するという表現を使用した背景には、学習者のライティング過程には、日本語のレベル別のみならず、縦断的にライティング能力の獲得過程を観察し記述することが重要であるという考え方を有しているためである。ライティング能力獲得過程というものは、決して表現や漢字語彙、文法といった言語項目としての「部分」を難易度の順等で獲得する過程ではなく、より包括的なライティング活動への理解から始まり、文章ジャンルや読み手への配慮の重要性に気づき、批判的な読みも自己推敲も、自ら適切に行えるようになっていく過程であると考えられる。

(3) 専門分野の差異を越えたリテラシー教育

本書で論じてきたことは、専門日本語ライティング教育の観点から、日本語の学術論文の分析、学習者の文章に見られる問題分析、およびテキスト分析タスクを通じた新たなライティング授業実践における試みと評価である。「専門日本語」という第3章で説明した、大学院レベルの研究留学生のための日本語という視点から、さらに1点、加えて論じておきたい。すなわち、本書における議論の内容と、研究留学生の各専門分野の個別事情や論文のスタイルにかかわる点である。

大学における専門日本語教育に関する議論においては、専門の内容は専門分野の教員が、日本語の問題は日本語の教員が分担して担当すればよいといった、比較的明快な教育内容分担論とでも言うべき主張が存在した。しかし、その詳細については言語表現と内容を切り離して論じることの困難さから、明確に線を引くことは容易なことではなかった。

一方で、専門日本語ライティング教育を広く捉えれば、まず専門分野の表現を教授することが出発点ではなく、本来、学習者自身が、自身の研究活動に有用だと考えられる日本語学習の目的を明確に意識することから開始されるものであると考えられる。そういった意識化なくして、論文の表現や構成

のみを学ぼうとしても、表層的な知識の定着しか見込まれず、また、表層的な知識の増加は、全体的な文章構成を創造的に構築していくものではない。表現や構成の背景にある、論文等の文章による発信のコミュニケーションとその目的や意義が理解できなければ、真に、専門日本語ライティング能力を獲得したとは言えないと考えられる。

そこで、本書において主要な議論を展開した専門日本語ライティング教育は、個々の専門分野を問わない、研究留学生に必須のリテラシー教育にも密接につながっていると考えられる。研究遂行が行える基本的なリテラシーがなければ、大学院生として、あるいは研究者として、研究を行っているとは言えない。換言すれば、研究者の卵として、もしくは大学院生として、研究遂行のために必ず求められる成果発表の手段がレポートや論文であって、そのための基礎的なリテラシーを獲得することは、専門日本語ライティング能力の獲得と重複する側面が多いと考えられるわけである。

前章までにおいて、論文スキーマという用語を用いて専門日本語ライティングについて論じてきた。このスキーマの獲得のためには、広く研究目的への意識化、研究活動の意義や方法への十分な理解、またその成果発信の手段として存在する論文について等、1編の論文を完成させるために、論文執筆以前に得ておくべき、言わば、研究を志す者にとっての基礎的な知識の総体や認知スタイルが学習者に内在化されることが重要である。そのための教育は、専門分野の枠を越えたリテラシー教育として位置づけることが可能ではないかと結論できる。

8.2 今後の課題

本書においては、大学院レベルの研究留学生に必要な専門日本語ライティング教育について、論文スキーマやメタ認知方略といった主要な概念を用いつつ、学習者の文章に見られる種々の問題の分析、およびテキスト分析タスクを通じた専門日本語ライティング教育の実践と評価について各々論じ、教育方法やリソースのあり方についてモデルの提示を行った。また最後に、得

第 8 章 結論

られた知見を総合し、専門日本語ライティング教育のあり方について総括を行った。

　学習者の母語や研究環境等の種々の背景に着目する必要性は既に論じた通りである。今後はさらに、母語や学習環境だけでなく、来日前あるいはライティングコース開始前の学習経験や社会人としての実務経験といった多様な背景を有する学習者が、日本の大学院で学ぶ可能性がある。

　そこで、国の内外を問わず、学習者が学部時代に日本語を学んだ学習環境や、そこに関与した日本語の教師におけるライティングの教育観や学習観についても、調査分析を行い、その結果をふまえた上で、専門日本語ライティング教育のコースデザインをより充実させていく必要が認められる。

　さらに言えば、十分なライティング能力の有無の背景には、学習者がこれまで受けてきた母国か日本での教育の背景や、入試や成績評価等の制度自体が、外的な要因として影響を及ぼしている可能性がある。例えば、ライティング授業の評価方法が、学習者にどのような動機や学習態度で授業にのぞませることになるのかは、まだ十分に明らかになっておらず、不明な点も多い。評価自体が検討に時間を要する問題である。

　加えて、現代のような情報化社会においては、学習者が他者とコミュニケーションを行うためのツールも多く用意されていることから、そういった双方向のコミュニケーションに慣れてきた学習者にとって、教師からの一方的な講義や作文添削ではなく、文章について批判的にコメントを述べ合う形態の協働学習にどの程度柔軟に参加できるか、といった学習者側の意識についても興味深い問題を含んでいると考えられる。本書でも一部言及した通り、概して、英語圏からの学習者のように、語学学習に限らず、批判的に自身の意見を伝えることや反論を行うことに比較的慣れ親しんでいる学習者も、日本の大学院には少数派であると推測されるが、存在している。そういったさまざまな学習者のケースも含め、専門日本語ライティング学習の過程、論文スキーマ形成の過程について、さらに質的な調査分析が必要であることが指摘できる。

　なお、本書において関連の研究を概観したように、英語教育学においては、

8.2　今後の課題

ライティング教育に関する先行研究の蓄積が豊富にあり、教育実践や教材開発も活発行われていることが明白である。日本語教育学の研究や教育実践も、多くがその流れに刺激を受けつつ発展を進めてきたと言える。今後も、そういった先行の知見を十分にふまえつつ、一方で、言語そのものの差異や、日本の内外における日本語学習者とその教師の各々の背景や学習・教育の環境全般等、一層多様な、また、よりマクロな視点からも、日本語教育学での解決が必要な課題の有無を見極める必要がある。そういった課題が認められる場合には、新たな研究と教育開発に挑戦し、かつ、他の言語によるライティング教育の研究や教材開発の場合と比較を行い、ローカルな問題や課題と、そうではないものとの峻別を行う必要もあると考えられる。

以上のように、学習者の学部時代の教育、海外の関係教師の意識等への調査も含めて、ライティング学習の初期段階から来日後の日本での学習、その後の自律化の段階までを俯瞰するようなプロセスを十分に意識した上での、広い視野に立った専門日本語ライティング教育研究が、今後も必要性を増していくと考えられる。

国の内外における教師側の意識改革も必要になると思われる。専門日本語ライティングを教育する教師は、自身も積極的に研究を遂行し、その過程で他者からの批判を謙虚に受けとめつつ研究を進化させ、推進していく意識を持つことが重要であると考える。教師自身が自ら他者からのコメントを引き受け、他の研究者との意見交換によって、自らの思考を深化する存在でありたい。今後、専門日本語ライティング教育が、個々の教師の固定したビリーフのみに基づくのではなく、教育研究分野として充実したものとして発展できるよう、研究成果を蓄積して教育実践への還元が続けられていくことが重要であると確信している。

参考文献

【日本語文献】

アカデミック・ジャパニーズ研究会編著（2001）『大学・大学院留学生の日本語②作文編』アルク

アカデミック・ジャパニーズ研究会編著（2002）『大学・大学院留学生の日本語③論文読解編』アルク

アカデミック・ジャパニーズ研究会編著（2002）『大学・大学院留学生の日本語④論文作成編』アルク

安藤淑子（2002）「上級レベルの作文指導における接続詞の扱いについて ―文系論文に用いられる接続詞語彙調査を通して―」『日本語教育』第115号, pp. 81-89

庵功雄（2007）『日本語におけるテキストの結束性の研究』くろしお出版

池田玲子（1998）「日本語作文におけるピア・レスポンス」『拓殖大学日本語紀要』第8号, pp. 217-240

池田玲子（1999）「日本語作文推敲におけるピア・レスポンスの効果 ―中級学習者の場合」『言語文化と日本語教育』第17号, お茶ノ水女子大学, pp. 36-47

池田玲子（2000a）「アジア系学習者に対するピア・レスポンスについての考察」『拓殖大学日本語紀要』第10号報告, pp. 47-55

池田玲子（2000b）「推敲活動の違いによる推敲作業の実際」『お茶の水女子大学人文科学紀要』第53巻, pp. 203-213

池田玲子・舘岡洋子（2007）『ピア・ラーニング入門 ―創造的な学びのために―』ひつじ書房

石黒圭（2004）「中国語母語話者の作文に見られる漢語副詞の使い方の特徴」『一橋大学留学生センター紀要』第7号, pp. 3-13

石橋玲子（2000）「日本語学習者の作文におけるモニター能力 ―産出文の自己訂正から―」『日本語教育』第106号, pp. 56-65

市川保子（1993）「中級レベル学習者の誤用とその分析 ―複文構造習得過程を中心に―」『日本語教育』第81号, pp. 55-66

井上京子（2004）「論文の書き方コンプレックス ―文系学際領域から―」『専門日本語教育研究』第 6 号, pp. 3-7

井上次夫（2009）「論説文における語の文体の適切性について」『日本語教育』第 141 号, pp. 57-67

井上尚美（2009）『思考力育成への方略 ―メタ認知・自己学習・言語論理〈増補新版〉』明治図書

上田孝子（2003）「スキーマ（schema）」小池生夫他編『応用言語学事典』, 研究社 pp. 530-531

宇佐美洋（2004）「意見を伝えるテクニック ―説得力を生み出すための文章構成―」『日本語学』第 23 巻第 10 号, 明治書院, pp. 46-55

宇佐美洋・森篤嗣・広瀬和佳子・吉田さち（2009）「書き手の語彙選択が読み手の理解に与える影響 ―文脈の中での意味推測を妨げる要因とは―」『日本語教育』第 140 号, pp. 48-58

宇佐美洋・森篤嗣・吉田さち（2009）「『外国人が書いた日本語手紙文』に対する日本人の評価態度の多様性 ―質的手法によるケーススタディ―」『社会言語科学』第 12 巻第 1 号, pp. 122-134

内田伸子（2009）「作文の推敲過程における語の選択 ―ことばを選ぶこと・考えを発見すること―」『日本語教育』第 140 号, pp. 4-14

畝田谷桂子（2003）「日・英応用磁気学実験系論文にみる能動文と直接受動文の使用比較 ―図表提示文をめぐって―」『専門日本語教育研究』第 5 号, pp. 29-36

遠藤織枝（1998）「話しことばと書きことば ―その使い分けの基準を考える―」『日本語学』3 月号, pp. 27-42

大井恭子（2003）「ライティング」小池生夫編『応用言語学事典』pp. 69-70　研究社

大井恭子（2003）「ライティングにおける認知的プロセスを重視した指導法」小池生夫編『応用言語学事典』pp. 70-73, 研究社

大島弥生（2003）「日本語アカデミック・ライティング教育の可能性 ―日本語非母語・母語話者双方に資するものを目指して―」『言語文化と日本語教育』11 月増刊特集号, pp. 198-224

大島弥生・池田玲子・大場理恵子・加納なおみ・高橋淑郎・岩田夏穂（2005）『ピア

参考文献

で学ぶ大学生の日本語表現　プロセス重視のレポート作成』ひつじ書房
大島弥生（2009a）「語の選択支援の場としてのピア・レスポンスの可能性を考える」『日本語教育』第140号, pp. 15-25
大島弥生（2009b）「学部学生に対する論文読解の支援の試み ―論文スキーマの育成をめざして―」『アカデミック・ジャパニーズ・ジャーナル』1, pp. 48-56
大島弥生（2009c）「社会科学系の事例・史料にもとづく研究論文における論証の談話分析」『専門日本語教育研究』第11号, pp. 15-22
大島弥生・大場理恵子・岩田夏穂・池田玲子（2012）『ピアで学ぶ大学生・留学生の日本語コミュニケーション ―プレゼンテーションとライティング』ひつじ書房
大島弥生・佐藤勢紀子・因京子・山本富美子・二通信子（2010）「学術論文の導入部分における展開の型の分野横断的比較研究」『専門日本語教育研究』第12号, pp. 27-34
大野晋・柴田武編（1977）『岩波講座日本語10　文体』岩波書店
大場理恵子・中村恵子（2010）「アカデミック教育とキャリア教育を融和した日本語表現法授業の実践例 ―アカデミック教育とキャリア教育に共通する基礎力の涵養をめざして―」『アカデミック・ジャパニーズ・ジャーナル』2, pp. 23-31
岡秀夫監訳他（1999）『外国語教育学大辞典』（Johnson, K. & Johnson, H. Encyclopedic Dictionary of Applied Linguistics, 1998.）大修館書店
岡崎眸・岡崎敏雄（2001）『日本語教育における学習の分析とデザイン ―言語習得過程の視点から見た日本語教育』凡人社
影山陽子（2000）「上級学習者による推敲活動の実態 ―ピア・レスポンスと教師フィードバック―」『お茶の水女子大学人文科学紀要』第54巻, pp. 107-119
影山陽子（2010）「大学学部留学生授業におけるライティング・ワークショップの試み」『アカデミック・ジャパニーズ・ジャーナル』2, pp. 41-55
門脇薫（1999）「初級における作文指導 ―談話展開を考慮した作文教材の試み―」『日本語教育』第102号, pp. 50-59
樺島忠夫（1963）「文体の語学的研究」時枝誠記・遠藤嘉基監修『講座現代語　第五巻　文章と文体』明治書院, pp. 221-237
鎌田美千子（2005）「学部留学生の発表活動に必要な日本語文章表現指導 ―レジュメ・

提示資料に見られる問題点とその指導—」『外国文学』54, 宇都宮大学, pp. 53-66

鎌田倫子・古本裕子・笹原幸子・要門美規（2004）「日本薬学会要旨集にみる専門日本語語彙の特徴」『専門日本語教育研究』第6号, pp. 17-24

川越菜穂子（1991）「話しことばと書きことば」『日本語学』5月号　明治書院, pp. 68-76

菊地康人（1987）「作文の評価方法についての一私案」『日本語教育』第63号, pp. 87-104

木戸光子（2006）「作文における『客観的表現』とは何か」『2006年度日本語教育学会春季大会　予稿集』pp. 127-132

木下是雄（1998）「論理的な文章とは」『日本語学』第17巻第2号, 明治書院, pp. 4-13

木村博是・木村友保・氏木道人編（2010）『英語教育学体系第10巻　リーディングとライティングの理論と実践 —英語を主体的に「読む」・「書く」』大修館書店

木本和志（2006）「法学系論文の序論に見られる文章構造の分析 —民法、商法、知的財産権法系論文を対象に—」『専門日本語教育研究』第8号, pp. 19-26

金孝卿（2008）『シリーズ言語学と言語教育14　第二言語としての日本語教室における「ピア内省」活動の研究』ひつじ書房

金水敏（2010）「日本語の将来を考える視点 —『言語資源論』の観点から—」日本学術会議主催公開講演『日本語の将来　予稿集』pp. 2-7

工藤嘉名子（2009）「口頭発表レジュメの段階的指導の試み —超級レベルの留学生を対象とした実践例—」『シリーズ言語学と言語教育19　日本語教育学研究への展望 —柏崎雅世教授退職記念論集—』, pp. 389-407

小池生夫編他（2004）『第二言語習得研究の現在 —これからの外国語教育への視点』大修館書店

甲田直美（1996）「接続詞とメタ言語」『日本語学』第15巻第11号, 明治書院, pp. 28-34

甲田直美（2001）『談話・テクストの展開メカニズム』風間書房

甲田直美（2009）『文章を理解するとは —認知の仕組みから読解教育への応用まで』スリーエーネットワーク

小金丸春美（1990）「作文における『のだ』の誤用例分析」『日本語教育』第71号, pp. 182

-196

国際交流基金（1998）『日本語能力試験出題基準』財団法人日本国際教育協会

国際交流基金（2010）「書くことを教える」『日本語教授法シリーズ』第8巻, ひつじ書房

国立国語研究所（1999）『第12回（1999年度）専門用語研究会シンポジウム　東アジアにおける専門用語研究の新しい動向　予稿集』（主催：日本学術会議〔学術文献情報研究連絡委員会〕、専門用語研究会、情報知識学会）

小嶋英夫・尾関直子・廣森友人編（2010）『英語教育学体系第6巻　成長する英語学習者 —学習者要因と自律学習』大修館書店

小宮千鶴子（2001）「経済の初期専門教育における専門連語」『専門日本語教育研究』第3号, pp. 21-28

小宮千鶴子（2005a）「異なる読者を対象とした類似内容の文章の表現比較 —日本語教育のために—」『表現と文体』明治書院, pp. 481-490

小宮千鶴子（2005b）「理工系留学生のための科学の専門語 —高校教科書の索引調査に基づく選定—」『専門日本語教育研究』第7号, pp. 29-34

西條美紀（1999）『談話におけるメタ言語の役割』風間書房

西條美紀（2000）「弁証法的作文課程のための作文指導」『日本語教育』第105号, pp. 91-100

阪倉篤義（1963）「文章の機能と文体」『講座現代語5　文章と文体』明治書院, pp. 1-18

佐久間まゆみ（1983）「段落とパラグラフ —理論化の系譜を辿って—」『日本語学』第2巻第2号, 明治書院, pp. 21-31

佐久間まゆみ（1984）「読み手の段落区分と文章の構造原理」『言語』第13巻第3号　大修館書店, pp. 106-115

佐久間まゆみ（1986）「文章構造論の構想 —連文から文段へ—」永野賢編『文章論と国語教育』朝倉書店, pp. 49-67

佐久間まゆみ（1987）「『文段』認定の一基準（Ⅰ）—提題表現の統括—」『文藝言語研究　言語篇』11, 筑波大学文芸・言語学系, pp. 89-135

佐久間まゆみ編（1989）「Frontier Series日本語研究叢書4　文章構造と要約文の諸相」

くろしお出版

佐久間まゆみ（1994）「文章・文体」『日本語学』5月臨時増刊号, 明治書院, pp. 71-78

佐久間まゆみ（2000）「文章・談話における『段』の構造と機能」『早稲田大学日本語研究教育センター紀要』13, 森田良行教授退職記念号, pp. 67-84

佐久間まゆみ編（2003）『朝倉日本語講座7 文章・談話』北原保雄監修, 朝倉書店

佐藤彰（2007a）「日本人大学生の剽窃に関する学習経験・知識・意識の研究」『言語文化研究』第33号, 大阪大学大学院言語文化研究科, pp. 35-55

佐藤彰（2007b）「日本人大学院生の剽窃に関する学習経験・知識・意識の研究 ―質問票およびそれに基づく集団討議・集団面接のデータから―」『言語文化共同研究プロジェクト2006 アカデミック・ライティング研究 ―日本語と英語の場合―』大阪大学大学院言語文化研究科, pp. 15-26

佐藤勢紀子（1993）「論文作成をめざす作文指導 ―目的に応じた教材の利用法―」『日本語教育』79号, pp. 137-147

佐藤勢紀子・仁科浩美（1996）「工学系論文の序論の構成の分析」『東北大学留学生センター紀要』第3号, pp. 26-34

佐藤勢紀子・仁科浩美（1997）「工学系学術論文にみる『と考えられる』の機能」『日本語教育』第93号, pp. 61-72

佐藤勢紀子（2006）「多様な専門分野のサンプル論文を用いたアカデミック・ライティングの指導法」『専門日本語教育研究』第8号, pp. 39-44

佐藤勢紀子（2009）「サンプル論文で学ぶ論文作成の技法 ―『研究のための日本語スキル』授業報告―」『アカデミック・ジャパニーズ・ジャーナル』1, pp. 37-47

佐藤勢紀子・大島弥生・二通信子・山本富美子・因京子・山路奈保子（2013）「学術論文の構造型とその分布 ―人文科学・社会科学・工学270論文を対象に―」『日本語教育』154号, pp. 85-99

佐藤政光・田中幸子・戸村佳代・池田摩季子（1994）『表現テーマ別にほんご作文の方法』第三書房

佐野大樹（2010）「選択体系機能言語理論を基底とする特定目的のための作文指導方法について ―修辞ユニットの概念から見たテクストの専門性―」『専門日本語教育研究』第12号, pp. 19-26

参考文献

佐野ひろみ（2009）「目的別日本語教育再考」『専門日本語教育研究』第 11 号, pp. 9-14

佐野富士子・岡秀夫・遊佐典昭・金子朝子（2011）『英語教育学大系第 5 巻　第二言語習得　—SLA 研究と外国語教育』大修館書店

C&P 日本語教育・教材研究会編（1988a）『日本語作文Ⅰ　—身近なトピックによる表現練習』専門教育出版

C&P 日本語教育・教材研究会編（1988b）『日本語作文Ⅱ　—中級後期から上級までの作文と論文作法—』専門教育出版

杉田くに子（1994）「日本語母語話者と日本語学習者の文章構造の特徴　—文配列課題に現れた話題の展開—」『日本語教育』第 84 号, pp. 14-26

杉田くに子（1997）「上級日本語教育のための文章構造の分析　—社会人文科学系研究論文の序論—」『日本語教育』第 95 号, pp. 49-60

杉戸清樹・塚田実知代（1991）「言語行動を説明する言語表現　—専門の文章の場合—」『国立国語研究所報告』103, 研究報告集 12, pp. 131-164

杉戸清樹（1996）「メタ言語行動の視野　—言語行動の『構え』を探る視点—」『日本語学』第 15 巻第 11 号, 明治書院, pp. 19-27

曹紅荃・仁科喜久子（2006）「中国人学習者の作文誤用例から見る共起表現の習得及び教育への提言　—名詞と形容詞及び形容動詞の共起表現について—」『日本語教育』130 号, pp. 70-79

ソーヤー理恵子・三登由利子（1998）「工学部研究留学生の日本語使用実態調査　—既習者向け研修コース修了生と研究室の日本人へのインタビュー調査から—」『大阪大学留学生センター研究論集　多文化社会と留学生交流』第 2 号, pp. 63-76

高崎みどり・立川和美（2010）『ガイドブック文章・談話』ひつじ書房

竹内理（2003）『より良い外国語学習法を求めて　—外国語学習成功者の研究—』松柏社

竹内理（2004）『認知的アプローチによる外国語教育』松柏社

竹田茂生・藤木清編（2006）『大学生と新社会人のための知のワークブック』くろしお出版

橘豊（1991）「実用文の文体分析」日本文体論学会編『文体論の世界』三省堂, pp. 114

-124

舘岡洋子（2005）『ひとりで読むことからピア・リーディングへ ―日本語学習者の読解過程と対話的協働学習―』東海大学出版会

田中信之（2009）「自律的な書き手を育成する活動としてのピア・レスポンス ―学習者のピア・レスポンスへの適応過程の分析を通して―」『アカデミック・ジャパニーズ・ジャーナル』1, pp. 25-36

田中真理・長阪朱美（2009）「ライティングの評価の一致はなぜ難しいか ―人間の介在するアセスメント―」『社会言語科学』第 12 巻第 1 号, pp. 108-121

田野村忠温（1996）「メタ言語とは何か」『日本語学』第 15 巻第 11 号, 明治書院, pp. 11-18

大学英語教育学会学習ストラテジー研究会編著（2005）『言語学習と学習ストラテジー ―自律学習に向けた応用言語学からのアプローチ』リーベル出版

大学英語教育学会監修（2011）『英語教育学大系第 5 巻　第二言語習得 ―SLA 研究と外国語教育』大修館書店

因京子・市丸恭子（1994）「作文訂正に見る学習者の自己訂正意識 ―自律的習得を促進する教授法考案のための基礎研究―」『九州大学留学生センター紀要』6, 57-76

因京子・アプドゥハン恭子・池田隆介（2000）「理系中級者用の専門科目型日本語教材の素材と作業 ―研究活動のシミュレーションのために―」『専門日本語教育研究』第 2 号, pp. 38-45

因京子・大谷晋也・仁科喜久子・深尾百合子・米田由喜代・村岡貴子（2006）「日本語論文作成支援リソース再考 ―理系専門日本語教育の観点から―」『専門日本語教育学会第 8 回研究討論会発表要旨集』

因京子・村岡貴子・米田由喜代・仁科喜久子・深尾百合子・大谷晋也（2007）「日本語専門文書作成支援の方向 ―理系専門日本語教育の観点から―」『専門日本語教育研究』第 9 号, pp. 55-60

因京子・村岡貴子・仁科喜久子・米田由喜代（2008）「日本語テキスト分析タスクの論文構造スキーマ形成誘導効果」『専門日本語教育研究』第 10 号, pp. 29-34

因京子・山路奈保子（2009）「日本人学部 1 年生の論文構造スキーマ形成過程の観察」『専門日本語教育研究』第 11 号, pp. 39-44

参考文献

塚原鉄雄（1966）「論理的段落と修辞的段落」『表現研究』第4号, 表現学会, pp. 1-9

筒井通雄（1999）「アメリカにおける専門日本語教育 ―過去・現在・未来―」『専門日本語教育研究』創刊号, pp. 10-15

都築誉史（2010）「第9章　知識の表象と構造」箱田裕司他著『認知心理学』有斐閣, pp. 191-216

寺内一・山内ひさ子・野口ジュディー・笹島茂　編（2010）『英語教育学大系第　第4巻21世紀のESP ―新しいESP理論の構築と実践』大修館書店

外山滋比古（1966）「外国語教育におけるスタイルの問題」日本文体論協会編『文体論入門』三省堂, pp. 233-251

中島美樹子（2003）「研究指導に用いる言語について」『専門日本語教育研究』第5号, pp. 9-12

西田直敏（1992）『文章・文体・表現の研究』和泉書院

西田ひろ子（2000）「第6章　脳と人間のコミュニケーション行動との関係 ―スキーマ理論と異文化間コミュニケーション―」, 西田ひろ子編『異文化間コミュニケーション入門』pp. 215-269, 創元社

仁科喜久子（1983）「東京工業大学留学生の日本語学習の現状」『日本語教育』第51号, pp. 12-26

仁科喜久子・笹川洋子・土井みつる・五味政信（1994）「理工系留学生のセミナーでの対話理解過程の分析 ―理工系学生のシラバス作成に向けて―」『日本語教育』第84号, pp. 40-52

仁科喜久子（1997a）「理工系専門別日本語オンラインシステム辞書の開発」科学研究費補助金基盤研究（B）研究成果報告書

仁科喜久子（1997b）「日本語教育における専門用語の扱い」『日本語学』第16巻2号, 明治書院, pp. 60-69

仁科喜久子（1999）「多言語対応専門日本語読解学習支援システムの構想について」『専門日本語教育研究』創刊号, pp. 40-43

仁科喜久子（2007）『アジア圏学生のための科学技術日本語総合技能学習支援システム開発調査と評価研究　課題番号15402048　平成15～18年度科学研究費補助金基盤研究（B）研究成果報告書』

仁科喜久子・土井みつる・高野知子（2007）『初級文型で学ぶ科学技術の日本語』スリーエーネットワーク

仁科喜久子（2008）「専門日本語教育の10年と今後の課題 —日本語教育の立場から—」『専門日本語教育研究』第10号, pp. 25-28

西村史子（1998）「中級日本語学習者が書く詫びの手紙における誤用分析 —文の適切性の観点から—」『日本語教育』第99号, pp. 72-83

二通信子・佐藤不二子（2000）『留学生のための論理的な文章の書き方』スリーエーネットワーク

二通信子（2001）「アカデミック・ライティング教育の課題 —日本人学生及び日本語学習者の意見文の文章構造の分析から」『北海学園大学学園論集』100号, pp. 61-77

二通信子・大島弥生・山本富美子・佐藤勢紀子・因京子（2004）「アカデミック・ライティング教育の課題」『日本語教育学会春季大会予稿集』pp. 285-296

二通信子（2005）「作文指導」社団法人日本語教育学会『新版日本語教育事典』pp. 748-749　大修館書店

二通信子（2006）「アカデミック・ライティングにつながるリーディングの学習」『アカデミック・ジャパニーズの挑戦』ひつじ書房, pp. 99-113

二通信子・大島弥生・因京子・佐藤勢紀子・山本富美子（2008）「論じる行為への理解を進める論文・レポート作成支援表現集の開発」『専門日本語教育研究』第10号, pp. 53-58

二通信子（2009）「論文の引用に関する基礎的調査と引用モデルの試案」『アカデミック・ジャパニーズ・ジャーナル』1, pp. 65-74

二通信子・佐藤勢紀子・因京子・山本富美子・大島弥生（2009）『留学生と日本人学生のためのレポート・論文表現ハンドブック』東京大学出版会

日本学生支援機構東京日本語教育センター（2009）『実践　研究計画作成法　情報収集からプレゼンテーションまで』凡人社

野口ジュディー（2005）「ESPからの提言」『専門日本語教育研究』第7号, pp. 3-6

野口ジュディー・深山晶子・岡本真由美（2007）『理系たまごシリーズ③　理系英語のライティング』アルク

野口ジュディー（2008）『英語でつなぐ世界といのち　医学英語シリーズ④　実務文

書で学ぶ薬学英語』アルク

野田尚史・森口稔（2003）『日本語を書くトレーニング』ひつじ書房

野村眞木夫（2000）『日本語のテクスト —関係・効果・タスク—』ひつじ書房

野村眞木夫（2002）「文章構造の指導のために」『日本語学』第21巻第5号, 明治書院, pp. 94-101

箱田裕司・都築誉史・川畑秀明・萩原滋（2010）『認知心理学』有斐閣

畑佐由紀子（2003）「第二言語における作文研究の現状」畑佐由紀子編『第二言語習得研究への招待』くろしお出版, pp. 87-100

羽田野洋子（1989）「科学技術日本語と日本語教育」『日本語と日本語教育』17号, 慶應義塾大学, pp. 38-50

浜田麻里・平尾得子・由井紀久子（1997）『大学生と留学生のための論文ワークブック』くろしお出版

林四郎（1977）「現代の文体」『岩波講座日本語10　文体』岩波書店, pp. 349-393

林四郎（1979）「メタ言語機能の働く表現」『文藝言語研究（言語篇）』3　筑波大学, pp. 53-71

林宅男（2003）「スキーマ理論（schema theory）」小池生夫他編『応用言語学事典』, pp. 313-314, 研究社

原田三千代（2006）「中級学習者の作文推敲過程に与えるピア・レスポンスの影響 —教師添削との比較—」『日本語教育』第131号, pp. 3-12

春原憲一郎（2006）「専門日本語教育の可能性 —多文化社会における専門日本語の役割—」『専門日本語教育研究』第8号, pp. 13-18

深尾百合子（1994）「工学系の専門読解教育における日本語教育の役割 —専門教員と日本語教師の視点の違いを中心に—」『日本語教育』第82号, pp. 1-12

深尾百合子（1999）「『専門日本語教育』に期待するもの」『専門日本語教育研究』創刊号, pp. 6-9

深尾百合子・馬場眞知子（2000）「農学・工学系論文に出現した『に対して』の用法分析」『専門日本語教育研究』第2号, pp. 14-21

深尾百合子（2006）「理系日本人学部生を対象としたライティング授業の試み —留学生用教材を使用した基礎科学技術文章作成指導—」『2006年度日本語教育学会春季

大会　予稿集』pp. 115-120
深澤のぞみ（1994）「科学技術論文作成を目指した作文指導 ―専門教員と日本語教師の視点の違いを中心に―」『日本語教育』第 84 号, pp. 27-39
深山晶子編（2000）『ESP の理論と実践 ―これで日本の英語教育が変わる』三修社
福島 E. 文彦（2003）「研究指導に用いる言語は英語か日本語か」『専門日本語教育研究』第 5 号, pp. 13-16
古田啓（1989）「敬語と文体」山口佳紀編『講座日本語と日本語教育 5 日本語の文法・文体（下）』明治書院, pp. 46-58
古別府ひづる（1992）「『発表』に見られる『メタリンガル表現』の機能」『教育学研究紀要』第 38 巻　第 2 部, 中国四国教育学会, pp. 420-424
古別府ひづる（1994）「専門的内容における口頭発表のメタ言語表現」『表現研究』59, 表現学会, pp. 12-22
ボウグランド, R.de・ドレスラー W（1984）『テクスト言語学入門』（*Introduction to Text Linguistics.* 1981, Longman）池上嘉彦・三宮郁子・川村喜久男・伊藤たかね訳, 紀伊国屋書店
牧野成一（1994）「日英対照　文体に現れた文化的背景」『月刊言語』23(2)大修館書店, pp. 42-49
増田光司・中川健司・佐藤千史（2004）「二漢字語を見出し語とした医学術語学習辞典作成の試み」『専門日本語教育研究』第 6 号, pp. 49-54
松元宏行（2000）「医学系留学生のための専門日本語教育」『専門日本語教育研究』第 2 号, pp. 46-53
丸山岳彦（2009）「作文の文体情報 ―『現代日本語書き言葉均衡コーパス』から見えるもの―」『日本語教育』第 140 号, pp. 26-36
三牧陽子（1995）「『専門日本語』教育 ―ニーズと位置づけ―」『大阪大学における日本語教育』大阪大学留学生センター, pp. 18-26
三牧陽子・村岡貴子（2007）「大学における日本語教育の理念と実践 ―大阪大学バンコク教育研究センター開所記念セミナー報告―」『大阪大学留学生センター研究論集 多文化社会と留学生交流』第 11 号, pp. 49-56
宮地裕（1963）「話しことばと書きことば」時枝誠記・遠藤嘉基監修『講座現代日本

語　現代語の概説』明治書院, pp. 28-46

宮島達夫 (1981)「専門語の諸問題」『国立国語研究所報告』68　秀英出版

村岡貴子・柳智博 (1995)「農学系学術雑誌の語彙調査 ―専門分野別日本語教育の観点から―」『日本語教育』第85号, pp. 80-89

村岡貴子 (1996a)「農学系日本語学術論文における接続表現について ―農学系日本語教育のために―」上田功他編『言語探求の領域 ―小泉保博士古稀記念論文集―』大学書林, pp. 447-456

村岡貴子 (1996b)「文体の指導」『日本語学　日本語学の世界』第15巻第8号, 明治書院, pp. 263-267

村岡貴子・影廣陽子・柳智博 (1997)「農学系8学術雑誌における日本語論文の語彙調査 ―農学系専門日本語教育における日本語語彙指導を目指して―」『日本語教育』第95号, pp. 61-72

村岡貴子 (1999a)「農学系日本語学術論文の『緒言』における文型 ―農学系専門日本語教育における論文の読解と作成の指導のために―」『日本語の地平線』くろしお出版, pp. 215-225

村岡貴子 (1999b)「農学系日本語論文の『材料および方法』で用いられる文末表現と文型」『専門日本語教育研究』創刊号, pp. 16-23

村岡貴子 (2001)「農学系日本語論文における『結果および考察』の文体 ―文末表現と文型の分析から―」『日本語教育』第108号, pp. 89-98

村岡貴子・因京子・仁科喜久子・深尾百合子・加納千恵子 (2001)「専門日本語教育の現状と将来の方向 (パネルセッション)」『日本語教育学会秋季大会予稿集』, pp. 231-242

村岡貴子 (2002)「農学系日本語論文の『結果および考察』における接続表現と文章展開」『専門日本語教育研究』第4号, pp. 27-34

村岡貴子・仁科喜久子・深尾百合子・因京子・大谷晋也 (2003)「理系分野における留学生の学位論文使用言語」『専門日本教育研究』第5号, pp. 55-60

村岡貴子・大谷晋也・仁科喜久子・深尾百合子・因京子・米田由喜代 (2003)「種々の理系分野における学会誌使用言語事情と留学生の論文使用言語 ―日本語論文作成指導のための基礎研究―」『日本語教育学会秋季大会予稿集』pp. 107-112

村岡貴子・米田由喜代・大谷晋也・深尾百合子・因京子・仁科喜久子（2004a）「農学系・工学系日本語論文『緒言』文章の論理展開パターン」『日本語教育大会秋季大会予稿集』pp. 87-92

村岡貴子・米田由喜代・大谷晋也・後藤一章・深尾百合子・因京子（2004b）「農学系・工学系日本語論文『緒言』における接続表現と論理展開」『専門日本語教育研究』第 6 号, pp. 41-48

村岡貴子・米田由喜代・因京子・仁科喜久子・深尾百合子・大谷晋也（2005a）「農学系・工学系日本語論文の『緒言』の論理展開分析 ―形式段落と構成要素の観点から―」『専門日本語教育研究』第 7 号, pp. 21-28

村岡貴子・米田由喜代・因京子・仁科喜久子・深尾百合子・大谷晋也（2005b）「理系日本語論文結論部の構成と表現 ―日本語教育での論文作成支援を考える新たな視点から―」『日本語教育学会秋季大会予稿集』pp. 97-102

村岡貴子・因京子・大谷晋也・仁科喜久子・深尾百合子・米田由喜代（2006）「日本語論文作成支援リソース再考 ―理系専門日本語教育の観点から―」『専門日本語教育学会第 8 回研究討論会発表要旨集』

村岡貴子（2006）「理系日本語論文における緒言部と結論部との呼応的関係 ―専門日本語教育のための文章研究として―」小泉保博士傘寿記念論文集『言外と言内の交流分野』大学書林, pp. 555-564

村岡貴子（2007a）「農学系日本語論文の考察部の論理展開分析 ―日本語論文作成支援を目ざして―」津田葵先生ご退職記念論文集『言語と文化の展望』英宝社, pp. 459-472

村岡貴子（2007b）「日本語教育におけるアカデミック・ライティングの論理展開に関する問題とその指導」『言語文化共同研究プロジェクト 2006 アカデミック・ライティング研究 ―日本語と英語の場合―』大阪大学大学院言語文化研究科, pp. 27-34

村岡貴子・因京子・米田由喜代・仁科喜久子（2007）「理系大学院レベル留学生のライティングに関する問題の調査・分析 ―日本語論文作成支援リソースの開発のために―」『日本語教育学会秋季大会予稿集』pp. 101-106

村岡貴子・因京子・仁科喜久子・米田由喜代（2008）「理系大学院レベルの留学生が

作成した日本語意見文の論理構造に関する分析」『専門日本語教育学会第 10 回研究討論会発表要旨集』pp. 6-7

村岡貴子（2008a）「専門日本語教育とその研究に必要な視点 —日本における専門日本語教育研究の概観から—」（講演）『銘傳大學應用日語學系專業日語教育学術研討會大會論文集』pp. 1-3

村岡貴子（2008b）「専門日本語教育における語彙指導の課題 —アカデミック・ライティングの例を中心に—」『日本語学』第 27 巻第 10 号, pp. 60-69

村岡貴子（2008c）「専門日本語ライティング教育の再考 —日本の大学院レベルの留学生に対する教育実践から—」『銘傳日本語教育』第 11 期, 應用語文學院應用日語學系出版, pp. 1-18

村岡貴子・因京子・仁科喜久子・米田由喜代（2009）「研究留学生のための日本語ライティング授業でのテキスト分析タスク —多様な学習背景の学習者への意識化を目指して—」第 11 回専門日本語教育学会研究討論会発表要旨集, pp. 24-25

村岡貴子・因京子・仁科喜久子（2009）「専門文章作成支援方法の開発に向けて —スキーマ形成を中心に—」『専門日本語教育研究』第 11 号, pp. 23-30

村岡貴子（2010a）「専門日本語ライティング能力の養成を目指す学習課題の捉え方」『大阪大学留学生センター研究論集 多文化社会と留学生交流』第 14 号, pp. 49-56

村岡貴子（2010b）「日本語学習者のアカデミック・ライティング能力の獲得過程 —学習者文章の分析とインタビューに基づくパイロット調査から—」『言語文化共同研究プロジェクト 2009 アカデミック・ライティング研究Ⅲ —日本語非母語話者のライティングに関する分析—』大阪大学大学院言語文化研究科, pp. 15-23

村岡貴子・因京子・仁科喜久子（2010）「専門日本語ライティング能力の獲得を目指す日本語テキスト分析タスク活動を通じたスキーマ形成」『世界日本語教育大会発表論文集』論文番号 1325, pp. 0-9, 台北, 国立政治大学

村岡貴子（2011a）「日本語学習者が作成した文章に見られる構成と論理展開の問題に関する調査分析 —専門日本語ライティング教育の観点から—」（講演）『銘傳大學 2011 國際學術研討會日文組　應用日語（學）系課程・教材・教法學術研討會　大會論文集』pp. 1-18

村岡貴子（2011b）「『論文スキーマ』の観点から見た日本語学習者の文章に見られる

構成と論理展開に関する問題分析 ―専門日本語ライティング教育の観点から―」『銘傳日本語教育』第 14 期, pp. 1-22

村岡貴子・因京子・仁科喜久子（2011）「専門日本語ライティング能力養成を目的としたスキーマ形成を促す学習支援リソースの開発」修剛他編『異文化コミュニケーションのための日本語教育』（日本語教育研究世界大会発表論文集）pp. 314-315, 北京, 高等教育出版社

村岡貴子（2012）「研究留学生のための専門日本語ライティング教育の可能性」仁科喜久子監修『日本語学習支援の構築 ―言語教育・コーパス・システム開発―』鎌田美千子・曹紅荃・歌代崇史・村岡貴子編, 凡人社, pp. 77-90

村岡貴子・因京子・仁科喜久子（2013）『論文作成のための文章力向上プログラム ―アカデミック・ライティングの核心をつかむ―』大阪大学出版会

村上京子（2007）「第 7 章 作文の評価とその関連要因」『シリーズ言語学と言語教育 第 10 巻 大学における日本語教育の構築と展開 大坪一夫教授古稀記念論文集』pp. 133-147, ひつじ書房

村上康代（2005）「理工系日本人学部生による課題レポートの『結論』の文章構造」『専門日本語教育研究』第 7 号, pp. 53-58

村田久美子・原田哲男編著（2008）『コミュニケーション能力育成再考 ―ヘンリー・ウィドウソンと日本の応用言語学・言語研究』ひつじ書房

村田年（1996）「経済学専門用語四字漢語の語構成 ―専門分野導入期の日本語教育の方法を探る―」『日本語教育』第 91 号, pp. 84-95

村田年（1999）「論述構造を支える文型の基礎的研究 ―多変量解析によるジャンル判別に有効な文型の抽出―」『専門日本語教育研究』創刊号, pp. 32-39

メルツォフ・J『クリティカルシンキング研究論文篇』（2005）Meltzoff, Julian. *Critical Thinking About Research : Psychology and Related Fields.* Washington DC : American Psychological Association, 1997. 中澤潤監訳, 北大路書房

森岡健二（1963）『文章構成法―文章の診断と治療―』至文堂

守山恵子（2000）「留学生のための水産学用語集作成の試み」『専門日本語教育研究』第 2 号, pp. 54-57

文部省・社団法人日本物理学会（1990）『学術用語集 物理学編（増訂版）』培風館

文部省・日本植物学会（1990）『学術用語集　植物学編（増訂版）』丸善株式会社
文部省・日本造園学会（1986）『学術用語集　農学編』丸善株式会社
矢沢理子（2006）「専門職従事者のための日本語研修 —行動志向のコースデザイン—」『専門日本語教育研究』第 8 号, pp. 3-8
山口仲美編（1979）『論集日本語研究 8 文章・文体』有精堂
山崎信寿（2002）「理工系日本人学部生のための専門日本語教育」『専門日本語教育研究』第 2 号, pp. 4-7
山崎信寿（2008）「専門日本語の気配り」『専門日本語教育研究』第 10 号, pp. 19-24
山崎信寿・富田豊・平林義彰・羽田野洋子（1992）『理工系を学ぶ人のための科学技術日本語案内』創拓社
山崎信寿・富田豊・平林義彰・羽田野洋子（2002）『科学技術日本語案内　新訂版』慶應義塾大学出版会
山本一枝（1995）「科学技術者のための専門文献読解指導 —チームティーチングによる MIT 夏季集中日本語講座—」『日本語教育』第 86 号, pp. 190-203
山本富美子（2004）「学部留学生への指導」二通信子他パネルセッション「アカデミック・ライティング教育の課題」所収『日本語教育学会春季大会予稿集』pp. 288-290
山本富美子・糸川優・渋谷倫子・副島健治・戸坂弥寿美・星野智子（2008）「企業が期待する外国人『人財』の能力とビジネス日本語」『専門日本語教育研究』第 10 号, pp. 47-52
横田淳子（1990）「専門教育とのつながりを重視する上級日本語教育の方法」『日本語教育』第 71 号, pp. 120-133
吉島茂・大橋理枝訳・編（2004）『外国語の学習、教授、評価のためのヨーロッパ共通参照枠』John Trim, Brian North, Daniel Coste 2002, *Common European Framework for Reference of Languages : Learning, teaching, assessment*. Cambridge University Press. 朝日出版社
米田由喜代（1997）「工学専攻博士後期課程留学生の研究室への適応に関するケーススタディ —日本語研修コース修了生に対する第 1 回追跡調査その 1 —」『大阪大学留学生センター研究論集 多文化社会と留学生交流』第 1 号, pp. 13-22
米田由喜代・林洋子（2003）「口頭発表序論部の談話構造と語彙・表現 —農学部卒業

論文発表の分析から─」『専門日本語教育研究』第5号, pp. 37-44

米田由喜代（2007）『研究報告を書くⅠ・Ⅱ（改訂版）』大阪大学大学院工学研究科・工学部留学生相談部

吉田美登利（2008）「『アイディアシート』を使った作文構想支援の効果」『日本語教育』第138号, pp. 102-111

劉偉（2009）「中国人日本語学習者の説明的文章の論理展開に関する自己推敲の調査・分析」『専門日本語教育研究』第11号, pp. 31-38

脇田里子・三谷閑子（2011）「『文章表現』と『口頭表現』の連携 ─超級日本語学習者を対象にした試み─」『同志社大学日本語・日本文化研究』第9号, pp. 59-79

【英語文献】

Anderson, J.R.（1982）. Acquisition of Cognitive Skill. *Psychological Review, Vol. 89, No.4*, 369-406.

Bartlett, F. C.（1932）. *Remembering : A Study in Experimental and Social Psychology*. Cambridge : Cambridge University Press.

Biber, D., Conrad S. & Reppen, R.（1998）. *Corpus Linguistics : Investigating Language Structure and Use*. Cambridge : Cambridge University Press, 齊藤俊雄・朝尾幸次郎・山崎俊次・新井洋一・梅咲敦子・塚本聡共訳（2003）『コーパス言語学─言語構造と用法の研究─』南雲堂.

Carrell, P. L. & Eisterhold, J. C.（1983）. Schema Theory and ESL Reading Pedagogy. *TESOL Quarterly, Vol.17*, No.4, 553-573.

Chamot, A. U., Barnhardt, S., El-Dinary, P. B. and Robbins, J.（1999）. *The Learning Strategies, Handbook*. New York : Longman.

Cresswell, Andy.（2000）. Self-monitoring in student writing : developing Learner responsibility. *ELT Journal, Vol.54/3*, 235-244.

Dana R. Ferris.（2003）. *Response to Student Writing : Implications for Second Language Students*. Lawrence Erlbaum Associates, Inc.

Dudley-Evans,T. and St JohnM.J.（1998）. *Developments in English for Specific Pur-*

poses : A multi-disciplinary Approach. Cambridge : Cambridge University Press.

Ellis, Rod. (1985). *Understanding Second Language Acquisition.* New York : Oxford University Press.

Ellis, R. (2005). *Planning and Task Performance in a Second Language.* Amsterdam : John Benjamins Publishing Company.

Ferris, D. (2003). *Response to Student Writing : Implications for Student Language Students-.* London : Lawrence Erlbaum.

Grabe, W. and Kaplan,R. (1996). *Theory and Practice of Writing.* New York : Longman.

Johns, A. M. (1995). Teaching classroom and authentic genres : Initiating students into academic culture and discourses, In Belcher, D. & Braine, G. (Eds.), *Academic writing in a second language : Essays on research and pedagogy*, Norwood, NJ : Ablex, 277-292.

Johnson, K. (1998) schema theory, In K, Johnson, K & Johnson, H. (Eds.) *Encyclopedic Dictionary of Applied Linguistics.* Oxford : Blackwell. (鈴木広子訳「スキーマ理論」岡秀夫監訳 (1999)『外国語教育大辞典』、大修館書店, pp. 368-370.)

Jordan, R. (1997). *English for Academic Purposes : A guide and resource book for Teachers.* Cambridge : Cambridge University Press.

Halliday, M.A.K. & Ruquaiya Hasan. (1976). *Cohesion in English.* London, Longman. 安藤貞雄・多田保行・永田龍男・中川憲・高口圭轉訳 (1997)『テクストはどのように構成されるか ―言語の結束性―』ひつじ書房.

Hayes, J. R. & Flower, L. (1986). Writing Research and the Writer. *American Psychologist Vol.41*, 1106-1113.

Hutchinson, T. and Waters, A. (1987). *English for Specific Purposes : A learning-centered approach*, Cambridge : Cambridge University Press.

Hyland, Ken. (2007). Genre pedagogy : Language, literacy and L2 writing instruction. *Journal of Second Language Writing, 16*, 148-164.

Hyland, K. Hyland F. (2006). *Feedback in Second Language Writing : Contexts and Issues.* Cambridge : Cambridge University Press.

Kaplan, R. B. (1966). Cultural Thought Patterns in Inter-Cultural Education. *Language Learning, 16(1-2)*, 1-20.

Koguchi, Ichiro. (2007). *Academic Writing : A Course for Japanese Postgraduate Students*,『言語文化共同研究プロジェクト2006　アカデミック・ライティング研究 ― 日本語と英語の場合―』大阪大学大学院言語文化研究科, 1-14.

Krapels, A. R. (1990). An overview of second language writing process research. In Kroll, B. *Second language writing : research insights for the classroom*. Cambridge University Press, 37-56.

Kroll, Barbara (Ed.) (1990). *Second Language Writing : Research insights for the classroom*. Cambridge : Cambridge University Press.

Kroll, Barbara. (2003). *Exploring the Dynamics of Second Language Writing*, Cambridge : Cambridge University Press.

Leki, Ilona. (1995). *Academic Writing : Exploring Processes and Strategies. (2nd ed.)*. New York : Cambridge University Press.

Leki, Ilona. (2001). *Hearing Voices : L2 Students' Experiences in L2 Writing Courses*. In T.Silvia & P.K.Matsuda (Eds.), *On Second Language Writing*. Mahwah, NJ : Lawrence Erlbaum. 17-28.

Leki, Ilona. (2003). *A challenge to second language written professionals : Is writing overrated?*, In Kroll, B (Ed.) *Exploring the dynamics of second language writing*., Cambridge : Cambridge University Press, 315-331.

Martin, J. R. & White, P. R. R. (2005). *The language of evaluation : appraisal in English*. New York, Palgrave Macmillan.

Matsuda, Paul Kei (2003). Second language writing in the twentieth century : A situated historical perspective., Kroll, B. (Ed.) *Exploring the dynamics of second language writing*. New York : Cambridge University Press. 15-33.

Matthiessen, C. M. I. M. zideas & New Directions. (2009). In Halliday, M. A. K. & Webster, J.J. (eds.), *Continuum Companion to Systemic Functional Linguistics*. London : Continuum, 12-58.

McCarthy, M. (1991). *Discourse Analysis for Language Teachers*. Cambridge : Cambridge University Press.

Miller, K.S. (1998). teaching writing, In Johnson, K & Johnson, H. (Eds.) *Encyclopedic Dictionary of Applied Linguistics*, Oxford : Blackwell.（窪田三喜夫訳「ライティング指導」岡秀夫監訳（1999）『外国語教育学大辞典』大修館書店, pp. 448-457）.

Nelson, G. L. & Carson, J.G. (1998). ESL Students' Perceptions of Effectiveness in Peer Response groups. *Journal of Second Language Writing*, Vol. 7 (2), 113-131.

Nishida, H. (1999). A cognitive approach to intercultural communication based on schema theory. *International Journal of International Relations, 23* (5), 753-777.

O'Malley, J.M. & A.U. Chamot. (1990). *Learning Strategies in second language acquisitions*. Cambridge : Cambridge University Press.

Oxford, R. (1990). *Language Learning Strategies : What every teacher should know*. New York : Newbury House.

Oshima, A & Hogue, A. (2006). *Writing Academic English (4 th ed.)*. New York : Longman.

Polio, C. (2003). Research on second language writing : An overview of what we investigate and how. Kroll, B. (Ed.) *Exploring the dynamics of second language writing*. New York : Cambridge University Press. 35-65.

Raimes, A. (1985). What Unskilled ESL Students Do as They Write : A Classroom Study of Composing. *TESOL Quarterly, 19*, No.2, 229-258.

Richards, J. (2003). Second *Language Writing*. Cambridge : Cambridge University Press.

Ritter, R. (2000). *The Oxford Style Manual*. Oxford : Oxford University Press.

Rosen, L. (2009). *The academic writer's handbook (2nd ed.)*. Taunton : Longman.

Silva, Tony. (1990). Second language composition instruction : developments, issues, and directions in ESL. In Kroll, B. (Ed.) *Second language writing : research insights for the classroom*. Cambridge University Press, 11-23.

Silva, Tony. (1993). Toward an Understanding of the Distinct Nature of L2 Writing : The ESL Research and Its Implications. *TESOL Quarterly, 27*, No. 4, 657-677.

Silva, Tony. & Matsuda, Paul Kei (Eds.) P. K. (2010). *Practicing Theory in Second*

Language Writing : L2 Writing. Indiana : Parlor Press.

Silva, Tony. & Matsuda Paul Kei. (Eds.) (2010). *Landmark Essays on ESL Writing.* Mahwah, NJ : Lawrence Erlbaum.

Swales, John. M. (1990). *Genre Analysis : English in academic and research settings.* Cambridge : Cambridge University Press.

Swales, John. M. & Feak, Christine.B. (2000). *English in Today's Research World : A Writing Guide.* Ann. Arbor : The University of Michigan Press.

Swales, John. M. & Feak, Christine.B. (2004). *Academic Writing for Graduate Students (2nd.ed.).* Ann. Arbor : The University of Michigan Press.

Tajino, A and Stewart, T & Dalsky, D. (2010). *Writing for Academic Purposes.*, Tokyo : Hitsuji Shobo.

Yasuda, Sachiko. (2011). Genre-based tasks in foreign language writing : Developing writer's genre awareness, linguistic knowledge, and writing competence. *Journal of Second Language Writing 20*, 111-133.

Zamel, Vivian. (1983). The Composing Processes of Advanced ESL Students : Six Case Studies, *TESOL Quarterly*, 17, No.2, 165-187.

参考文献

【参考URL】

大阪大学国際教育交流センター「日本語集中（研修）コース」
　http://www.ciee.osaka-u.ac.jp/japanese_program/）（2014.7.1最終検索）

経済産業省・文部科学省「アジア人財資金構想」（2013年11月5日より一般社団法人留学生支援ネットワークに掲載）http://ajinzai-sc.jp（2014.7.1最終検索）

神戸大学経済学部・大学院経済学研究科
　「レポート・論文作成時の盗用・剽窃に関する注意」
　http://www.econ.kobe-u.ac.jp/student/pdf/report-hyosetsu.pdf（2014.7.7最終検索）

国際交流基金・日本国際教育支援協会「日本語能力試験」
　http://www.jlpt.jp/（2014.7.1最終検索）

国立国語研究所コーパス開発センター「現代日本語書き言葉均衡コーパス」（BCCWJ）
　http://www.ninjal.ac.jp/corpus_center/bccwj/（2014.7.7最終検索）

政策研究大学院大学「学業上の不正行為」
　http://www.grips.ac.jp/jp/education/information/policies/cheating/（2014.7.7最終検索）

専門日本語教育学会
　http:www//stje.kir.jp/（2014.7.7最終検索）

東京大学大学院情報学環・学際情報学府「アカデミックマナーの心得」
　http://www.iii.u-tokyo.ac.jp/students/manner（2014.7.7最終検索）

日本学生支援機構（2007）「留学生受入の概況（平成19年版）」
　http://www.jasso.go.jp/statistics/intl_student/documents/data07（2014.7.7最終検索）

日本学生支援機構（2014）「平成25年度外国人留学生在籍状況調査結果」
　http://www.jasso.go.jp/statistics/intl_student/documents/data13.pdf（2014.7.7最終検索）

日本学生支援機構「『日本留学試験』シラバス」
　http://www.jasso.go.jp/eju/syllabus.html（2014.7.7最終検索）

早稲田大学グローバルエデュケーションセンター
　「レポートにおける剽窃行為について」
　http://www.waseda.jp/gec/about/info/academic/info_report/（2014.7.7最終検索）

付　録

資料1　「テキスト分析タスク」に活用した教材に掲載された
　　　　文章課題7種 …………………………………………………180

資料2　テキスト分析タスクの例：「高齢化社会」について ……186

資料3　異なる3種の報告文に対する文章評価 …………………191

資料4　ライティング授業終了後のアンケート調査 ……………199

資料5　ライティング授業で実施した「テキスト分析タスク」
　　　　活動時におけるコメント例：
　　　　「インターネットの問題」テキスト分析タスク記録例…201

付　録

資料1　「テキスト分析タスク」に活用した教材※に掲載された文章課題7種

※アカデミック・ジャパニーズ研究会編著（2001）
『大学・大学院留学生の日本語②　作文編』アルク
（各タイトルは筆者による。ふりがな省略）

1．「専門分野」について（p.19）
　自分の専門について説明して下さい。「だ・である体」を使って、専門の説明、自分が研究（勉強）したいことを書いてください。（200字）

2．「科学の発達」について（p.24）
　3段落の構成の文章です。各段落の初めに中心文があります。支持文を考えて完成させてください。（400字）

　第1段落
　　20世紀は、科学が発達した（progress）時代だった。たとえば、_____
　　_____
　　_____

　第2段落
　　科学のおかげで生活は便利になった。しかし、一方ではまだ多くの問題がある。最近も、_____
　　_____

資料1

第3段落
　これからは、＿＿＿＿＿＿＿＿＿＿＿＿＿＿＿＿＿
ほうがいいと思う。そうすれば、＿＿＿＿＿＿＿＿＿
＿＿＿＿＿＿＿＿＿＿＿＿＿＿＿＿＿＿＿＿＿＿＿＿
＿＿＿＿＿＿＿＿＿＿＿＿＿＿＿＿＿＿＿＿＿＿＿＿

3．「母国の有名な人」について（p.29）
　あなたの国の有名な人を紹介してください。3段落の構成の文章です。「は、が」の使い方に注意して、「だ・である体」で書いてください。（400字）

　　第1段落　　名前は何といいますか。
　　　　　　　仕事（その人がしたこと）はどんなことですか。

　　第2段落　　どうしてその人は有名ですか。

　　第3段落　　国の人は、その人をどう思っていますか。
　　　　　　　（自分の考えではありません。気をつけて書きましょう。）

付　録

4．「母国の大学」について（p. 42）
　次の1〜6の質問の答えを考えて、3段落の文章を書いてください。今、大学生の人は高校について書いてください。（400字）

　　1．国の大学はどこですか。
　　2．どうしてその大学を選びましたか。
　　3．大学に入ってから、生活はどう変わりましたか。
　　4．大学にいる間にどんなことをしましたか。
　　5．卒業して、日本へ来るまで何をしていましたか。
　　6．どうして日本へ来ることにしましたか。

　　第1段落　　1・2

　　第2段落　　3・4

　　第3段落　　5・6

5.「ゴミのリサイクルの問題」について（p. 47）

ゴミのリサイクルの問題について、考えて書きましょう。
初めにリサイクルの定義をしてください。
各段落の最初の文を中心文として、支持文を考えて書いてください。
（400字）

第1段落
リサイクルとは、＿＿＿＿＿＿＿＿＿＿＿＿＿＿＿＿＿＿＿＿
＿＿＿＿＿＿＿＿＿＿＿＿＿＿＿＿＿方法のことだ。（中心文：定義）
この方法が考えられたのは、＿＿＿＿＿＿＿＿＿＿＿＿＿＿
＿＿＿＿＿＿＿＿＿＿＿＿＿＿＿＿からである。（支持文：理由）

第2段落　現在、さまざまなことが行われている。（中心文）
たとえば、＿＿＿＿＿＿＿＿＿＿＿＿＿＿＿＿＿＿＿＿＿＿
＿＿＿＿＿＿＿＿＿＿＿＿＿＿＿＿＿＿＿＿＿＿＿＿＿＿＿。
また、＿＿＿＿＿＿＿＿＿＿＿＿＿＿＿＿＿＿＿＿＿＿＿＿
＿＿＿＿＿＿＿＿＿＿＿＿＿＿＿＿＿。（支持文：具体例）
（ほかにも、＿＿＿＿＿＿＿＿＿＿＿＿＿＿＿＿＿＿＿＿＿
＿＿＿＿＿＿＿＿＿＿＿＿＿＿＿＿＿＿＿などの例がある。）

第3段落　これからわたしたちがしなければならないことは、
＿＿＿＿＿＿＿＿＿＿＿＿＿＿＿＿＿＿＿＿＿＿＿＿＿＿＿
＿＿＿＿＿＿＿＿＿＿＿＿＿＿＿＿＿＿＿＿＿。（中心文）
＿＿＿＿＿＿＿＿＿＿＿＿＿＿＿＿＿＿＿＿＿＿＿＿＿＿＿
＿＿＿＿＿＿＿＿＿＿＿＿＿＿＿。（支持文：説明、理由など）

付　録

6．「日本の高齢化社会の問題」について（p.52）
　今、日本ではますます高齢化が進んでいます。日本の高齢化について、今わかっていること、予想される問題、それについてのあなたの意見を書いてください。（400字）

（グラフ省略）

　|第1段落|　グラフを見てわかること

　　　日本では_____年_____
　　　_____がわかっている。

　|第2段落|　予想される問題（どのような問題がおこると考えられますか。）

　　　高齢化が進むとともに、_____
　　　_____

　|第3段落|　あなたの意見（どうすればいいでしょうか。）

7.「インターネットの問題」について（p.69）
　多くの人がインターネットを使っています。そのため、さまざまな問題が出てきています。そのインターネットの問題を一つとりあげ、どうすればいいかを考えてください。
次のような構成で書いてください。（400字）

　　　第1段落　　1・2

　　　第2段落　　3

　　　第3段落　　4・5

　　1．インターネットは、多くの人に、さまざまな所で使われている。

　　2．たとえば、_____
　　　　_____（具体例）

　　3．そのため、_____
　　　　_____（そこから起こる問題）

　　4．そこで、次のことを提言したい。

　　5．_____
　　　　_____（解決策の提案）

付　録

資料2　テキスト分析タスクの例：「高齢化社会」について

○次の文章をそれぞれ読んで、内容、論理展開、構成などについて評価しよう。

1．第1段落の例－①

　国連人口部は、日本では、1990年から35年後には、65歳以上の人口の割合が12.1%から27.3%までに増えると推定し、またアメリカ、フランスなどの先進国と比較し、日本の高齢化は最も速い速度で進行していることを発表した。さらに、総務省は2007年11月1日の推計人口において、75歳以上の総人口に占める割合が10%を超えたことを発表した。

2．第1段落の例－②

　日本では、1990年に65歳以上の人口の割合は、主要諸国において、最も低かった。その年に、65歳以上の人口の割合は12.1%であった。スウェーデンと比べれば、6%の差があった。しかし、日本は2025年まで65歳以上の人口の割合が最も高くなると推定されている。グラフにおいて、日本の人口統計は、急速に変化することがわかっている。そのような人口統計の変化は高齢化と呼ばれている。

資料2

3．第1段落の例 − ③
　日本では、1990年に65歳以上の人口は全人口の12%であり、アメリカ、フランス、ドイツ、イギリス、スウェーデンなど他の先進国と比較すれば、多くなかった。しかし、ここ数年、日本では65歳以上の高齢者人口の割合が徐々に増加し、2025年には全人口の約27.3%になると推定されていることがわかっている。

4．第1段落の例 − ④
　日本では1990年に65歳以上の人口がわずか12.1%で、アメリカ、フランス、ドイツ、イギリスおよびスウェーデンを含めた主要諸国の中で、高齢者の割合が最も低い国であった。しかし近年、日本では高齢化がますます進んでいる。そのような傾向により、2025年にその数字は27.3%まで上昇することが推定され、6カ国の中で他の5カ国をはるかに超える結果となることがわかっている。

付　録

5．第2段落の例－①
　高齢化が進むとともに、経済活動人口の減少で、退職者の数が増えていった。この上昇によって、政府は退職年金の支払いをさらに多く行っているが、経済活動人口は経済を安定させるために十分ではない。そのため、国の経済は次第に悪化している。少子化によって、経済活動人口がさらに減少することで、経済のサイクルはもっと悪い結果を招いた。

6．第2段落の例－②
　高齢化が進むとともに、さまざまな問題が生じてきた。まず、雇用については、労働の需要と供給が問題になる。たとえば、若い労働力を使う仕事は供給が不足する。また、社会保障の問題もある。たとえば、若い労働者の数は定年退職者の数より少ない場合には、社会保障の予算が問題になる。

資料2

7. 第2段落の例－③

　高齢化が進むとともに、さまざまな問題が生じてきた。その問題を解決するために、いくつかの対策があると思われる。第一に、日本の出生率を上昇させることである。そのために、日本は育児休業をさらに取得しやすくした方がよいと思われる。また、日本の女性は子供が生まれた後に、仕事を継続することが大変である。もし、女性の働く環境がよくなれば、出生率は上がるであろう。
　第二に、外国からの移民を受け入れるのは適切な方策である。それにより、日本の若者の人口の割合を上げるばかりでなく、納税者数がすぐに増加し、国内の需要が上がり、経済が回復するであろう。ただし、移民は文化が異なるため、異文化の環境への適応が必要である。

8. 第3段落の例－①

　これから、出生率の上昇のために、十分な手当てを支給したほうがよいと思われる。たとえば、育児手当や年金である。また、税金の増収をはかるために、仕事を継続したい高齢者は雇用機会を提供された方がよい。ほかにも、労働者として、多くの移民の受け入れを許可したほうがよいと思われる。そうすれば、日本の経済を助け、病院や介護施設などの質を向上させることができ、年金の支払いも行われ、高齢者の生活の質も向上させることができる。

付　録

9．第3段落の例－②
　この問題の解決のためには、さまざまな方法があると思われる。まず、2025年まで労働者の数を増加させなければならない。これは子供の出生数と関係があり、子供の数が増えるとともに将来の労働者の数が増加すると言える。そのため、出生率の上昇が必要である。最後に、他の方法は外国からの労働者を移民として受け入れることであると思われる。

資料3

資料3　異なる3種の報告文に対する文章評価

3-1（報告文［1］：雪）

A国の学生との交流について
インドネシアの学生との交流について

　6月25，26日にインドネシアの学生の方々と神戸研修に行ってきました。私は以前から英語が好きだったため国際交流に興味があり、今回の研修に参加することにしました。

　インドネシアの学生と交流することはとても難しかったです。というのも、インドネシアの学生たちの話す英語が、私が今まで耳にしてきたような英語の発音とは全く違ったからです。私自身、カナダやニュージーランドにホームステイをした経験があったのですが、初めて聞く訛った独特の英語にとても戸惑いました。発音が違ってお互いが理解しにくいため、私たちは筆談を中心にコミュニケーションをとっていきました。その中で、私もインドネシアの学生も英単語が分からないということがよくありました。三ヶ国語をまたぐコミュニケーションです。例えば、「小麦粉」という言葉を私が分からないとすると、私が辞書で「小麦粉」を引きます。すると"flour"とでてきます。これを筆談しているノートにかくと、今度はインドネシアの学生が辞書で"flour"と引く。ここでやっと、私が伝えたかった言葉が伝わるのです。このように私たちのコミュニケーションはスムーズと言えるものではありませんでした。しかし、それでも私たちがコミュニケーションをとれたのは、お互いがお互いを理解しようという思いがあったからだと思います。同じアジアで生きていながらも、宗教や文化、歴史の違う私たちが相互理解を深めていくということは、私たちにとってとても良い経験であり、今後の私たちの思考に大きく影響を与えると思います。この2度とないかもしれない機会を活かすために、私もインドネシアの学生たちも少しでも多くの言葉を交わそうとしていました。

付　録

　今回の研修を通してインドネシアの学生たちと交流出来たことで、私自身、より国際について興味が深まりました。また、インドネシアという国について今まではあまり興味を持つことはありませんでしたが、もっと彼女たちが生活している国がどんな国なのか、またその背景を学んでみたいと思うようになりました。インドネシアの学生たちが皆、日本についてとてもよく知ってくれていたように、私も彼女たちの国についての知識をつけたいと思います。言語も文化も違う私たちが国境を越え、草の根レベルでも交流をしていくことで双方の国同士のつながりが維持されると思います。そして、今回の研修を通して出来たつながりを、今度は看護の意見交換などの場として活かしていけたら、と思います。

2．人と未来の防災センターについて
　私は13年前の阪神淡路大震災の被害を詳しくは知りませんでした。初めに見た高速道路の高架橋や、ビルが倒壊していた映像には本当に驚きました。地震、火災、肉親の死―これらによって被災者の方々が感じたことは、それらを体験していない私たちが想像してもしつくせないものがあると思いました。被災者の方の「あの地震のあと皆が優しかった」という言葉がとても印象的でした。私たちが専門職として関われるのは、減災ではなく、アフターケアになってしまうと思います。被災により傷ついた人の体だけでなく心もケアをすること、それが私たち看護者が出来ることだと思いました。私が看護の道を志した原点がここでした。「体だけでなく心のケア」―そこに看護の魅力を感じ、進んできたことを思い出す良い機会となりました。これを機に、地震の怖さや減災・防災意識の重要さを伝えていくとともに、もしそういった災害が起こって自分が援助に行ったときに、被災者の方の力になれるように、赤十字救急法で習った技術を復習し、被災者の方の心のケアについて学んでいきたいと思います。

3-2（報告文［2］：月）

　6月25, 26日にインドネシア、B（地名）の看護学生8名の方々の神戸研修に同行しました。この神戸研修は、本学に日本の保健医療状況や災害に対する備えを学ぶ目的で来日していた彼らのプログラムの一環でした。
　私は以前から英語が好きだったため国際交流に興味があり、英語を使って交流するための良い機会だと思ったので今回の研修に参加しました。
　まず、インドネシアの学生との交流を通して感じたことを述べ、次に今回訪問した神戸の人と未来の防災センターで感じたことを述べます。

インドネシアの学生との交流を通して
　インドネシアの学生と交流することはとても難しかったです。この理由として主に2つ挙げられます。発音の違いと語彙力の乏しさです。
　まず発音についてですが、インドネシアの学生たちの話す英語は、私が今まで耳にしてきたような英語の発音とは全く違いました。私自身、カナダやニュージーランドにホームステイをした経験があったのですが、初めて聞く訛った独特の英語にとても戸惑いました。知っている単語なのに、何度聞き返しても聞き取れないということもありました。逆に、こちらの発音もインドネシアの学生にとっては聞き取りにくかったようです。
　次に、語彙力の乏しさについてですが、発音が違ってお互いが理解しにくいため、私たちは筆談を中心にコミュニケーションをとっていきました。その中で、私もインドネシアの学生も英単語が分からないということがよくありました。例えば、私が「小麦粉」という言葉を分からなかったとすると、私が辞書で「小麦粉」を引きます。

すると"flour"とでてきます。相手がネイティブならここで意味は通じるのですが、これを筆談しているノートにかくと、今度はインドネシアの学生が"flour"の意味が分からなかったようで、辞書で"flour"を引く。そして彼らがインドネシア語でその言葉を理解したとき、やっと私が伝えたかった言葉が伝わるのです。このように私たちのコミュニケーションは英語に加え日本語、インドネシア語の三ヶ国語を必要とし、スムーズと言えるものではありませんでした。

　しかし、それでも私たちがコミュニケーションをとれたのは、お互いがお互いを理解しようという思いがあったからだと思います。同じアジアで生きていながらも、宗教や文化、歴史の違う私たちが相互理解を深めていくということは、私たちにとってとても良い経験であり、今後の私たちの思考に大きく影響を与えると思います。この2度とないかもしれない機会を活かすために、私もインドネシアの学生たちも少しでも多くの言葉を交わそうとしていました。

　まとめとして、今回の研修を通してインドネシアの学生たちと交流出来たことで、私自身、より国際について興味が深まりました。また、インドネシアという国について今まではあまり興味を持つことはありませんでしたが、もっと彼女たちが生活している国がどんな国なのか、またその背景を学んでみたいと思うようになりました。インドネシアの学生たちが皆、日本についてとてもよく知ってくれていたように、私も彼女たちの国についての知識をつけたいと思います。言語も文化も違う私たちが国境を越え、草のレベルでも交流をしていくことで双方の国同士のつながりが維持されると思います。そして、今回の研修を通して出来たつながりを、今度は看護の意見交換などの場として活かしていけたら、と思います。

人と未来の防災センターを訪問して
　今回人と未来の防災センターを訪問して感じたことと、そこから

看護職には何ができるのかと考えたことを述べます。
　私は13年前の阪神淡路大震災の被害を詳しくは知りませんでしたが、初めに見た高速道路の高架橋や、ビルが倒壊していた映像には本当に驚きました。私もX（県名）で何年か前に地震があった時にとても怖い思いをしましたが、この阪神淡路大震災はその比ではないのだと感じました。普段、生活していた街が崩壊してしまうだけでも、心に負う傷は大きいはずなのに、肉親や友人をなくしてしまうと復興への威力も沸かないほどの絶望感がただあるのだろうと考えます。しかし、地震や火災や肉親の死によって被災者の方々が感じたことは、それらを体験していない私たちが想像してもしつくせないものがあると思います。
　私たちが専門職として関れるのは、減災ではなく、アフターケアになってしまうと思います。被災により傷ついた人の体だけでなく心もケアをすること、それが私たち看護者が出来ることだと思いました。私が看護の道を志した原点がここでした。「体だけでなく心のケア」―そこに看護の魅力を感じ、進んできたことを思い出す良い機会となりました。これを機に、地震の怖さや減災・防災意識の重要さを伝えていくとともに、もしそういった災害が起こって自分が援助に行ったときに、被災者の方の力になれるように、赤十字救急法で習った技術を復習し、被災者の方の心のケアについて学んでいきたいと思います。

付　録

3-3（報告文〔3〕：花）

「B（地名）の看護学生との交流の活動報告」

　2008年6月25日と26日、インドネシアのB（地名）の看護学生8名の神戸への研修旅行に同行した。この研修旅行は、A大学が主催している、日本の保健医療と災害対応について学ぶ一週間の集中プログラムの一環であり、日本人学生の希望者が同行することを許されていた。外国人と英語を用いて交流することに強い関心を持っている私にとっては願ってもない機会であった。
　以下、インドネシア学生とのコミュニケーションの体験と「人と未来の防災センター」（神戸市）訪問とに分けて報告し、感想を述べたい。

1．インドネシア学生とのコミュニケーション
　双方にとって外国語である英語を用いて行うコミュニケーションは、一言でいえば大変難しかった。大きな障害となったのは、双方に異なるアクセント（訛り）があることと、双方とも語彙が乏しかったことである。
　訛りが障害となるというのは、私にとってはじめての体験であった。何度聞いてもわからなかったのに、書いてもらうと良く知っている単語であったということが再々起こったし、私の言うことが通じないこともあった。これまでカナダやニュージーランドでホームステイをしたときにこういう体験をしたことはない。これまでは私の発音が少々おかしくても相手が母語話者であったからわかってくれていたわけで、本当に国際的な場で英語を使うためには、発音を改善しなければいけないと思った。
　語彙にも問題があった。上に述べたような事情で筆談することが度々あったが、両方とも語彙が不足しているために分かり合うのに非常に時間がかかった。例えば、「小麦粉」と言いたいとき、私

はこれをどう英語で言うかわからず和英辞典で調べなければならない。調べた結果flourと書いて相手に見せると、今度は相手がわからず、英語―インドネシア語の辞典で調べて、ようやくコミュニケーションが成立する。こんなことでは緊急の場合にはとても間に合わない。語彙の拡大が必要であると痛感した。

　しかしながら、このような困難にもかかわらず、両方とも決してうんざりしたりせずにできるだけ多くのコミュニケーションをとろうと努力した。これは、両者にお互いを理解したいという強い気持ちがあったからだと思う。

　今回の体験を通して、私の国際活動に対する興味は一層深まった。インドネシアという国にもあまり興味を抱いていなかったが、少なくともインドネシアの学生たちが日本について知っていてくれた程度には、私もインドネシアについての知識を持たなければ恥ずかしいと思った。今回できたつながりを維持して、次に会うときには、看護という専門分野について意見交換ができるように、語学力も専門知識もつけたいと思う。私のような一人ひとりが外国の誰かとつながることが、国と国との関係を本当に強くすることにつながるのではないだろうか。

2．人と未来の防災センター訪問

　2005年にX（県名）で地震があったときに私も大変怖い思いをしたが、13年前の神戸の地震の被害の実態はこれまでよく知らなかった。記録映像によって高速道路や高層ビルが倒壊した様子を初めて詳しく見て、福岡とは比べ物にならない被害の大きさに驚くとともに、住んでいる街が崩壊し肉親や友人を失ってしまった人々の悲しみはどれほどであっただろうかと考えた。私がどれほど一生懸命想像してもそれを超える絶望感を抱いたことだろう。

　映像や展示を見ながら、看護師には何ができるかと考えた。看護職によるこうした災害への関与の方向は、アフターケアである。被災

付　録

によって傷ついた人々の体だけでなく心をもケアして、立ち上がる気力を持てるように支えること、それが看護師の使命であると思った。防災センターへの訪問は、私が看護大学を志した当初の気持ちを思い出させてくれた。「体だけでなく心のケアを行う」という点に魅力を感じて看護の道を選んだのである。実際に起こった災害の記録を見て、このような酷い状況の中で本当に被災者の力になるには、中途半端な知識や技術ではだめだと感じた。これまでに学んだこと、またこれから学ぶことを災害の場でもちゃんと使えるよう、心して身につけていこうと思った。

資料4

資料4　ライティング授業終了後のアンケート調査
（**資料3**の文章評価調査の後のインタビュー時に用いた）

授業とテキスト分析タスクについてのアンケート調査

1. 学期はじめの〜月に書いた自分の作文を添削してみて、どうですか。自分の作文についての日本語能力をどう評価しますか。具体的に書いてください。

2. 授業で使った方法の中で、皆さんが書いた作文のフィードバックのタスクシート（さまざまな表現についての質問に答えたり文章例を比較するタスク）についてどう思いますか。できれば、具体的に書いてください。

付　録

3．これからの研究生活(けんきゅうせいかつ)で、どのような方法で日本語を勉強しようと思いますか。また、日本語を使ったライティングの勉強について、これからどうしますか。計画(けいかく)や、やりたいことをできるだけ具体的(ぐたいてき)に書いてください。

ご協力(きょうりょく)をありがとうございました。

資料5

資料5 ライティング授業で実施した「テキスト分析タスク」活動時におけるコメント例：
「インターネットの問題」テキスト分析タスク記録例

（タスク本文のふりがな省略、発言中の文法等の誤用は修正済み）

表(1) 7名の学習者情報

表中の記号	名前	専門分野
a	A	文系
b	B	理系
c	C	理系
d	D	理系
e	E	理系
f	F	理系
g	G	理系

表(2) テキスト分析タスクの活動における学習者のコメント

タスク本文	学習者の発言 （　）は教師の質問または補足
(1) インターネットは多くの人に、さまざまな所で使われている。たとえば、家庭、学校、研究室、会社などの種々の組織において、どこでもインターネットが使われている。インターネットは日常生活にほとんど不可欠なものになった。世界中、どこに住んでいてもどんな遠くても、通信は可能である。	a：「どこでも使われる」は2回出てきて、重複している。必要ではない。 （修正案：1つ目の「どこでも」を削除して、「たとえば、…種々の組織において使われている」と変更する。） b：インターネットの問題は書いていない。 a：（bの発言に対して、）問題は第2段落に書くべきです。「さまざま」と「たとえば」は漢字のほうがいい。
(2) インターネットは、多くの人に、さまざまな所で使われている。例えば、自宅で預金残高をチェックし、研究に関する論文を検索し、友人とともに遊ぶオ	d：下から3行目の「例えば」を「もう一つの例を出す」を直したほうがよい。 c：ちょっと長いと思う。いらない言葉を消すべきである。たとえば、2行目

201

付　録

ンラインゲームで用いられている。大学、会社、および学校でもさまざまな目的のためにインターネットを用いることができる。実際に、現在、どこでもインターネットを使用することができる。それは、なかでも携帯電話やPDA（携帯情報端末）などにおけるインターネットのサービスが可能だからである。現代の生活においては、インターネットは多くの人々が普通に知っているものである。例えば、4～5歳の子供たちもインターネットの使い方を教えてもらっている。しかも、しばしばその子供たちは自分一人でもインターネットの検索方法を習うことがある。	最後の「大学、会社、および学校でも」を消したほうがいい。 f：いろいろな話をしようとしている。だから分かりやすくない。 e：私にとって(2)は一番分かりやすい。詳しく説明していて、2段落目の理解がしやすくなる。ただ、最後の例は必要ではない。それ以外は全部必要である。 a：これは第1段落であるため、「場所」の説明を行うべきである。最後の情報（「現代の生活においては、…検索方法を習うことがある。」）は「場所」と関係ないため、いらない。 b、e：「例えば、4～5歳…」からの部分はいらない。 g：最初の文のポイントは2つある：「多くの人」と「さまざまな所」。「例えば、4～5歳…」から最後までは情報としては必要である。ただ、記述の順序を換えて、先に述べたほうがよい。 a：いらない。 e：たぶんいらない。でも「現代の生活…」の文は必要である。理由：最初の文と意味は似ているが、これを述べることによって、1段落と2段落のつながりがよくなり、両段落が1つのまとまりになる。
(3)　インターネットは、多くの人にさまざまな所で使われている。たとえば、最近、A（国の名前）では大学のコンピューターでインターネットのゲームをする学生がいる。大学では、在学生である場合は、インターネットの使用に関する適切な規制がないため、これらの学生が増加している。そのため、制限されたコンピューターの一定部分がインターネットのゲームをする学生が使用するこ	a：この段落の目標は「どこでつかわれている」の説明であるが、最後の文は問題がある。 e：賛成。最後の文は段落最初の文とは関係ない。 a：一般的なことから具体的なことまで述べるのに、同じ段落はよくない。段落を換えたほうがよい。

とから、他の学生たちが使用できないという実情がある。	
（4）　インターネットの問題は、どこでも犯罪が起こり、それを警察が取り締まれないことである。他の問題は、どこでもインターネットが使えるので、人はいつもインターネットを見ており、実際の人間社会にある本物について考えられないようになることである。例えば、アメリカで電車の運転士は携帯電話を見ていて運転を十分に行わなかったため、他の電車と激突した。人間はインターネットを現実より重視する場合もあって危険である。	a：同じ問題である。最初の文は「犯罪」についての文であるが、ほかは別の問題になっていて、スムーズではない。最初の文についてもっと説明が必要。短い段落であるため、テーマは1つのほうがいい。 b：1つだけ選んで分析すべきである。ここではたくさん書いたので、分析できない。現象の羅列になっている。 d：例は適切ではない。言いたいことは実際の人間社会についてのことである。よい例としては、例えば「学生はいつもネットで話す」や「外で遊ぶ子供は話せなくなる」など。 g：3行目の「例えば…」の例はインターネットの問題ではなく、運転手のマナーの問題である。インターネットの悪い面ではないので、この例はちょっと離れていると思う。
（5）　そのため、インターネットの使用によるさまざまな問題が起こっている。たとえば、肉体的な健康と精神的な健康の影響への問題である。インターネットの世界を楽しむ人々が通常彼らの時間の大部分を、インターネット・サーフィンに費やす。その結果、彼らの日常生活は異常になって、彼らの社会的な人間関係もおそらく少なくなるだろう。他の問題は有害サイトである。この問題はほとんど子供に起こり得る。多くの両親は、インターネットを使うことに関して十分知らないように、彼らの子供のインターネットの使用を制御できないので、そのような問題が起こりやすくなっている。	e：内容はとてもいい。理解しやすい。2つの例はスムーズである。1番目の例は精神的な被害で、2番目は子供の精神的な被害である。両者には関係がある。 a：賛成。2つの例を出したが、関係しているので、とても論理的な関係を作った。 g：「他の問題」と「もう一つの問題」はどう違う。

付　録

(6)　周知のように最近はネットの掲示板を利用して、殺人や殺人予告をするケースがある。2009年に東京の秋葉原で起こった通り魔事件も、犯行前に掲示板への書き込みがあったと報道されていた。青少年への悪影響は言うまでもない。近年、青少年の犯罪自体は減少してきているが、インターネットが絡んだ犯罪は多くなってきている。原因としては、どの家庭にもパソコンがありインターネットが利用できるようになってきたため、子どもたちでも簡単に利用できるようになってきたからだと分析できる。また、チャットなどで友だちとコミュニケーションをとる機会が増え、その中でのいざこざなどが事件に発展してきている。先日テレビ番組でも報道されていたが、最近多くの学校では、子供達が裏サイトを作ってその中で学校に対する悪口や友だちに対する悪口などを書き込んでいるそうである。これによって登校拒否になってしまった子供も多いという。以前は聞いたこともない「ネットいじめ」は、いまや社会全体の問題にまで発展している。	e：いいところは2つある。1つ目：例の説明は全部詳しい。2つ目：この説明の内容は全部報道されているもので事実である。悪いところ：よく知らない言葉があって理解しにくい部分がある。 a：構造がいいと思う。みんなの知っていることを述べて、関係しているもっと広い問題（掲示板の問題）を説明している。
(7)　そこで、次のことを提言したい。適切な情報の選択のためのソフトウェアの使用は有害なサイトの制限を可能にする。あるいは、親が子供に情報選択についてこれまで以上に適切な指導を行えば、子供はもっと良くネットの資源を利用することができる。また、子供がインターネットをする時間を短くすることも重要である。長時間インターネットを続ければ、健康を害することになる。	b：最後の分析の位置が間違ったと思う。解決方法と関係ないから、2段落に入れるべきである。 a：一般的にはとても論理的でよかった。
(8)　そこで、次のことを提言したい。インターネットで個人情報を盗まれるこ	a：「一つは」→「一つ目は」 c：具体的な説明が必要。例えば、「安全

204

資料5

とを防ぐ方法は、二つある。一つは安全にインターネットを使う習慣をつけることである。二つめは自分のコンピュータにウイルス対策ソフトをインストールすることである。この二つの方法を使えば、個人情報を盗まれる恐れがかなり低くなる。

にインターネットを使う習慣」とは具体的に何かを説明すべきである。

初出一覧

　本書は、以下の論文をもとに、一部大幅な加筆や削除等の修正作業を行って完成させたものです。共著者には掲載にあたって許可を得ています。

第 4 章
村岡貴子(2008)「専門日本語教育における語彙指導の課題 ―アカデミック・ライティングの例を中心に―」『日本語学』第 27 巻第 10 号, 明治書院, pp. 60-69

第 5 章
村岡貴子（2011a)「日本語学習者が作成した文章に見られる構成と論理展開の問題に関する調査分析 ―専門日本語ライティング教育の観点から―」（講演）『銘傳大學 2011 國際學術研討會日文組　應用日語（學）系課程・教材・教法學術研討會　大會論文集』pp. 1-18

村岡貴子（2011b)「『論文スキーマ』の観点から見た日本語学習者の文章に見られる構成と論理展開に関する問題分析 ―専門日本語ライティング教育の観点から―」『銘傳日本語教育』第 14 期, pp. 1-22

第 6 章
村岡貴子・因京子・仁科喜久子（2009)「専門文章作成支援方法の開発に向けて ―スキーマ形成を中心に―」『専門日本語教育研究』第 11 号, 専門日本語教育学会, pp. 23-30

第 7 章
村岡貴子・因京子・仁科喜久子（2010)「専門日本語ライティング能力の獲得を目指す日本語テキスト分析タスク活動を通じたスキーマ形成」『世界日本語教育大会発表論文集』論文番号 1325, pp. 0-9, 台北, 国立政治大学

謝　辞

　本書は、2011 年に大阪大学大学院言語文化研究科に提出した博士論文を基礎とし、加筆・削除等の修正作業を施し、1 冊にまとめたものです。本論文を完成させるにあたって、非常に多くの方々にお世話になりました。心より深く感謝の意を表する次第です。

　まず、調査を遂行するにあたって、日本語を学ぶ多くの大学院レベルの留学生の方々に調査協力を得ることができました。快く調査に協力してくださり、ありがとうございました。分析の過程で、留学生の皆さんのライティング能力が次第に向上していく様子を観察することは、この分野に強く関心を持つ筆者にとっては、大きな喜びでした。

　また、論文博士の審査の折には、主査を務めていただいた大学院言語文化研究科の沖田知子先生、副査の岩根久先生と小口一郎先生には、種々の観点からきめ細やかにコメントをいただき、誠にありがとうございました。いずれのコメントも筆者の狭い視野を広げてくださったものとありがたく、心から感謝いたしております。主査の沖田先生には常に応援していただき、本当にありがとうございました。

　博士論文提出以前から、常に激励をしてくださっていた大阪大学大学院情報科学研究科名誉教授で、国際教育交流センター長を歴任なさった菊野亨先生にも心より御礼を申し上げます。先生は時に厳しく、時にあたたかく励ましてくださいました。

　さらに、本研究の基礎は、2 回の科学研究費補助金を得て遂行してきた共同研究にあります。特に、東京工業大学名誉教授の仁科喜久子先生、および日本赤十字九州国際看護大学の因京子先生には、専門日本語ライティング教育研究に関する種々の観点からの、常に刺激的な議論を共有させていただきました。お二人との長年の研究交流がなければ、博士論文はまだ完成していなかったと思います。仁科先生からは、博士論文執筆の際にも数々の有意義なコメントをいただき、根気強く議論に付き合っていただきました。心より

感謝いたします。因先生からも、データを一部共有させていただき、また数々の重要なご教示をいただきました。本当にありがとうございました。

　大阪大学国際教育交流センターで長年務めてくださった非常勤講師、米田由喜代先生には、共同研究以前から、専門日本語教育やライティング教育の実践について、いつも建設的な議論をさせていただき、的確なアドバイスをいただきました。誠にありがとうございました。

　本研究は、上述の通り、基盤研究(C)「日本語教員と理系教員との協働による日本語論文作成支援リソースの開発と評価」(2007-2009, 課題番号14570330) および、基盤研究(B)「学習者の多様な背景に着目した論文スキーマ形成型日本語文章作成支援に関する実証研究 (2010-2013, 課題番号22320095) によるところが大きいものです。これらの科学研究費補助金によりたびたびアルバイトで快く作業をしてくれた多くの大学院ゼミ生の方々、修了生の方々、お手伝いいただき、どうもありがとうございました。

　本書は平成25年度大阪大学教員出版支援制度による助成を受けて刊行されました。当時の国際教育交流センターの沖田知子センター長から推薦され、大阪大学出版会出版委員会にて選考されました。貴重な出版の機会をいただき、心より感謝いたします。また、大阪大学出版会の岩谷美也子編集長には始終お世話になり、誠にありがとうございました。

　本研究の過程において、実に多くの方々のご協力やご支援をいただき、本当にお世話になりました。すべての関係者の方々に、改めて心から感謝申し上げます。

2014年7月1日
大阪大学　国際教育交流センター
村岡　貴子

索　引

アルファベット

CARSモデル（"Create a Research Space Model"）　41
ESP（English for Specific Purposes）　31, 37
JAP（Japanese for Academic Purpose）　37
JSP（Japanese for Specific Purposes）　37

ア　行

アカデミック・ライティング　39
アカデミックジャパニーズ　24
アカデミックなトレーニング　40
アカデミックな目的　9, 35, 36
意見文　5, 7
意識化　3, 49, 74, 78, 118, 150, 151
意識的なトレーニング　49
一文のレベル　5
一貫性　4
一般日本語教育　36, 37
因果関係　28
引用　57, 64, 89, 95
　──文献　32
受け身形　33

カ　行

外国語学習に対する考え方　116
科学技術文　27, 28
科学技術用語　28
書き手の認識的態度　57
学習項目　7
学習辞典　23
学習者コメント　120
学習者による文章評価　72
学習者のコメント分析　10
学習者のニーズ　23

学習成功者　2
学術英語アプローチ　2, 3
学術日本語　23
学術論文　30
学術雑誌　102
学会誌　9, 21, 22, 34
簡潔性　8
漢字圏学習者　14
漢字語彙　22
感想文　7
関連づけと意義づけ　72, 78, 80, 88, 90
基礎研究　23, 32
機能語　29-31, 46, 53, 56-59
教育・学習リソース　48, 57, 60
教育・研究場面　23
教育と学習者研究をつなぐ視点　149
教育リソース　6, 120
狭義の語学能力　38
狭義のライティング教育　5, 7
教室ジャンル　7
協働作業　116, 117
協働的な推敲作業　6
クラスメートとの意見交換　116
形式的・内容的構成　16, 106
結果および考察　31-34
結束性　4
研究者の協働　23
研究生　13, 37
言語学的アプローチ　23
言語生活　25, 27
言語知識の多寡　143
言語のバリエーション　4
原著論文　22
厳密さと文体の最適化　73, 84, 88, 90, 147
考察　33
構成　10, 11, 13, 18, 19, 41, 44, 47, 67, 68, 102, 110

211

――要素　43, 44
構造的要素　43
口頭発表　35, 39, 149
コーパス化　58
コーパス言語学　3, 5
国語科教育のアプローチ　6
コミュニケーション場面　26
コミュニティ　35
固有の現場　37, 38, 46
誤用分析　6
コロケーション　66
コンテクスト　4

サ　行

材料および方法　32-34
作文　1
査読　68
資源　4
自己学習へのメタ認知　101, 124
自己表現を中心としたジャンルの文章　5
自然科学系　34
実験方法　32
執筆要領　34, 102
実務的なコミュニケーション　7
実務的な文章　8
ジャンル　6, 22
　――分析　41, 43
修正フィードバック　2
集中的な日本語予備教育　39
主観性　133
主観的な結論　86
熟達した書き手　2
首尾一貫性　56
準専門用語　27
情報の提出順序　141
職業場面　24
職業別日本語教育　36
助詞相当語　22
序論　43
自律的　38
　――な学習　4

新旧レトリックアプローチ　2
人文・社会系　34
推敲　149
スキーマ　95
　――形成途上　141
ステップ　41
図表　33
スローガン的表現　85
成果発表　35
　――の手段　151
制限作文アプローチ　2
成功者　10, 94, 98, 100, 107, 118, 124, 125, 129, 130, 143, 147
正誤判断　134, 148
正用／誤用　6
セクションごとの文体　31
接続辞　30
接続詞の多用　142
専門概念　30
専門言語　25
専門性　39
専門日本語　17, 21-25, 27, 29, 31, 34, 39, 45
　――教育　9, 17, 19, 21-23, 29, 36-38, 40, 46
　――教育学会　9
　――教育研究　21, 36
　――ライティング　1, 51, 67
　――ライティング教育　1, 11, 47, 89, 148, 151
　――ライティング能力　19
専門分野への意識　115
専門別日本語教育　36
専門用語　21, 22, 26, 30, 31

タ　行

大学院生　13, 37
大学院レベルの研究留学生　145, 151
大学院レベルの日本語学習者　1
大学院レベルの留学生　1
大規模コーパス　58
第二言語学習者　1

索 引

第二言語ライティング教育研究　2
夕形　33
他者の視点　120
タスクによる学習　3
短文作成　7
段落のサイズ　111
段落分け　74, 75
談話レベルの研究　5
緒言　31-34
著者の認識的態度　33
ツール　4
ディスカッション　39
ディスコース・コミュニティ　3, 41
テイル形　33
データの新規性　22
テキスト言語学　4
テキスト分析タスク　10, 11, 13, 15-19, 93, 99, 101, 118, 121, 125
添削　6, 27, 59, 103, 148
伝統的な教材　7
特定の職業場面　24
特定の目的　35
特定目的のためのライティング　4

ナ　行

内省　118
内容語　30, 46, 58
内容と構成　72, 129, 132
内容の新規さ　7
二漢字語　22
日記文　5
日本語教育　22
　　──学　23
日本語能力試験　14, 39, 40
日本語論文　29
日本留学試験　9
認知プロセス　2
ネイティブチェック　6, 89

ハ　行

橋渡し的な教育　39
パターン化　34

ピアレスポンス　6
非漢字圏学習者　14
ビジネス日本語　9
　　──教育　24
非専門日本語教育　37
批判的　17
　　──なコメントの授受　149
　　──に文章を読む　148
非母語話者　7, 10
評価コメント　17
表現と文体　72, 129, 132, 141
表現の厳密さと論理展開の明快さ　112
表現分析　22
表現力の豊かさ　7
剽窃　64-66, 95
フィードバック　6, 148, 149
プレゼンテーション　40
プロセスアプローチ　2
文型　7, 29, 31-33
文章　1
　　──語　48, 51
　　──作成課題　15
　　──作成過程のプロトコル　100
　　──産出過程　2, 65
　　──ジャンル　48-50
　　──に対する評価　11
　　──の構成　5
　　──のタイトル　79
文章評価　15, 107, 147
　　──基準　114
　　──能力　16, 99
文体　32, 34, 36, 65, 108
　　──的特徴　51, 53, 55
文の長さ　111
文末辞　30
文末表現　30, 32, 57
文末モダリティー表現　31
分野横断的　23
包括的理論　4
方略　2
母語背景　66

母語話者　7, 10, 40

マ行

マクロな視点　5
未熟な書き手　2
未成功者　94, 100, 107, 118, 125, 129, 130, 143, 147
ムーブ　41
　——分析　32
メタ認知　11
　——方略　94, 96, 98, 100, 151
　——方略群　2
目的と構造化　72, 73, 88, 90, 147
モダリティー表現　31
モデル提示型教材　99, 147
モニター　40

ヤ行

用語の統一　27
要旨　22
要約　32
読み手への配慮　135, 150

ラ行

ライティング　1
　——学習経験の多寡　16
　——学習過程のプロトコル　124
　——能力獲得過程　100, 124, 150
リテラシー　90
　——教育　151
留学生10万人計画　5, 8
レジスター　3, 4, 22
レディネス　16, 71
連携　23
論文　35, 39
　——構造スキーマ　99
　——作成支援　17, 19, 21, 32, 41, 47
論文スキーマ　1, 10, 45, 46, 65, 68, 84, 88, 93, 95, 96, 99, 100, 121, 124
　——形成　10, 13
　——形成のための学習活動　148
論文投稿　149
論文の読解や作成　29, 31
論理的な不整合　139
論理(の)展開　5, 6, 10, 11, 13, 16, 18, 19, 30, 41, 47, 53, 55-57, 59, 67, 68, 72, 83, 89
　——の明晰さ・表現の適切さ　106

村岡 貴子（むらおか　たかこ）
大阪大学国際教育交流センター教授。博士（言語文化学）。
専門分野：日本語教育学、アカデミック・ライティング教育研究、専門日本語教育研究。
主な著作：『論文作成のための文章力向上プログラム　―アカデミック・ライティングの核心をつかむ―』（村岡貴子・因京子・仁科喜久子著、大阪大学出版会、2013年）、「研究留学生のための専門日本語ライティング教育の可能性」（単著、仁科喜久子監修『日本語学習支援の構築　―言語教育・コーパス・システム開発―』凡人社、2012年）、「専門文章作成支援方法の開発に向けて　―スキーマ形成を中心に―」（村岡貴子・因京子・仁科喜久子著、『専門日本語教育研究』（専門日本語教育学会）第11号、2009年）他。

専門日本語ライティング教育
―論文スキーマ形成に着目して―

2014年9月30日　初版第1刷発行　　　　　　　　［検印廃止］

著　者　　村岡 貴子
発行所　　大阪大学出版会
　　　　　代表者　三成 賢次

〒565-0871　吹田市山田丘 2-7
大阪大学ウエストフロント
電話（代表）　06-6877-1614
FAX　　06-6877-1617
URL　　http：//www.osaka-up.or.jp

印刷・製本　　亜細亜印刷株式会社

©MURAOKA Takako　　　　　　　　　　　　Printed in Japan
ISBN978-4-87259-486-7 C3081

Ⓡ ＜日本複製権センター委託出版物＞
本書を無断で複写複製（コピー）することは、著作権法上の例外を除き、禁じられています。本書をコピーされる場合は、事前に日本複製権センター（JRRC）の承諾を受けてください。
JRRC<http：//www.jrrc.or.jp　jrrc-info@jrrc.or.jp　03-3401-2382>

著者既刊書

論文作成のための
文章力向上プログラム
アカデミック・ライティングの核心をつかむ

村岡貴子・因 京子・仁科喜久子 著

本体価格 2,800 円／ 176 頁／ B5 版／ 978-4-87259-416-4

日本語を活用したアカデミックなコミュニケーションを行う必要がある学生・研究者を対象とし,「内省」,文章の「分析」,文章の「分析・リバイズ」,「執筆」といった,多様な演習タスクを継続的にこなすことによって,論文執筆能力を向上させることを目的とする.とくに,学習者同士の協働的活動により,学習・研究活動に対する巨視的な視点や対話を通し自ら向上する姿勢を獲得することを重視した画期的なテキストである.

大阪大学出版会